2021年兵团财政科技计划项目
项目名称“畜牧兽医法律法规科普资源开发”（项目编号2021CD002）

养殖法律法规实用问答

主　编　王时伟　何良军
副主编　周小玲　雷曼红

东北大学出版社
·沈　阳·

图书在版编目（CIP）数据

养殖法律法规实用问答 / 王时伟，何良军主编. —沈阳：东北大学出版社，2022.9（2024.2重印）

ISBN 978-7-5517-3138-6

Ⅰ. ①养…　Ⅱ. ①王…　②何…　Ⅲ. ①养殖—农业法—中国—问题解答　Ⅳ. ①D922.45

中国版本图书馆 CIP 数据核字（2022）第 169624 号

内容提要

本书是一本宣传养殖所涉及相关法律法规的科普著作。全书由16章组成，分别为动物养殖法律法规介绍，畜禽养殖，创办养殖场，动物疫病，畜禽疾病诊疗注意事项，使用兽药和疫苗，购买、配制、使用饲料，动物检疫，宠物饲养与检疫，运输动物，屠宰动物，销售、购买动物和动物产品，病死病害动物和动物产品无害化处理，乡村兽医，野生动物保护，垂钓和捕捞。本书根据畜禽养殖环节设定章节内容，以问答的形式普及法律知识。本书既可作为带动农民群众学法用法及基层普法读物，也可作为管理部门普法宣传及相关专业的参考书。

出 版 者：东北大学出版社
地址：沈阳市和平区文化路三号巷 11 号
邮编：110819
电话：024-83683655（总编室）　83687331（营销部）
传真：024-83687332（总编室）　83680180（营销部）
网址：http://www.neupress.com
E-mail: neuph@neupress.com
印 刷 者：辽宁一诺广告印务有限公司
发 行 者：东北大学出版社
幅面尺寸：145 mm×210 mm
印　　张：4.25
字　　数：103千字
出版时间：2022年9月第1版
印刷时间：2024年2月第3次印刷
责任编辑：曹　明　　责任校对：廖平平
封面设计：潘正一

ISBN 978-7-5517-3138-6　　定　价：48.00元

前　言

PREFACE

近年来，我国在兽医立法领域取得了显著的成就，修订《中华人民共和国动物防疫法》《中华人民共和国畜牧法》《中华人民共和国野生动物保护法》是在新冠肺炎疫情防控常态化的形势下，深入贯彻落实习近平总书记关于构建强大公共卫生体系、为维护人民健康提供有力保障的有关重要指示精神的立法举措，对于提高畜牧业公共卫生安全保障力度和推动畜牧业高质量发展具有重大意义。为帮助新疆各族畜禽养殖者及从业人员更好地学法知法守法，提升乡村依法治理水平，普及养殖相关法律知识，专门编写了本书。

本书为2021年兵团财政科技计划项目。本书中部分内容来自最新发布的草案，若后期出现差异，请以正式颁布或正式发布的内容为准。

本书编写内容主要依据国家行政机关和地方行政机关颁布的法律法规，部分问答来自部门网站发布的相关法规政策解读，畜禽检疫部分内容参考了吉林省动物卫生监督所印发的《动物检疫工作100问》，野生动物保护问答参考了山东省东营市自然资源系统政务信息发布的微信公众号“东营自然资源和规划”，在此表示感谢。本书不再增设参考文献部分。

本书编写团队中，王时伟、何良军为主编，周小玲、雷曼红为副主编，参编人员有张苏江、张伟信和尹金花。其中，王时伟编写前言、第一章、第四章、第五章、第八章；何良军编写第二章、第三章、第九章；周小玲编写第七章、第十章、第十四章；雷曼红编写第六章、第十二章、第十六章；张苏江编写第十一章；张伟信编写第十三章；尹金花编写第十五章。本书由王时伟统稿。

在本书编写过程中，得到了塔里木大学动物科学与技术学院陈伟教授、贺建忠教授、李有文教授、胡建军教授的悉心指点，在此谨表衷心感谢！考虑内容的完整性，本书中的个别问题会重复出现，请读者知晓；为方便基层普法宣传活动，本书编写组专门制作了系列小视频，需要使用的单位和个人可以联系我们获取。由于编者学识有限，本书中难免会有不足和疏漏之处，恳请读者批评指正，共同为提高群众法律素养、推进乡村振兴贡献力量。

编　者

2022年2月16日

目录

CONTENTS

第一章　动物养殖法律法规介绍

1. 与畜牧兽医有关的法律主要有哪些?

答：在我国境内从事畜牧兽医相关工作要遵守的法律主要有四部，分别是《中华人民共和国畜牧法》（简称《畜牧法》）、《中华人民共和国动物防疫法》（简称《动物防疫法》）、《中华人民共和国民法典》（简称《民法典》）、《中华人民共和国野生动物保护法》（简称《野生动物保护法》）。此外，与水产养殖相关的法律有《中华人民共和国渔业法》（简称《渔业法》）。

2.《畜牧法》主要内容是什么?

答：2021年10月19日，第十三届全国人大常委会第三十一次会议审议畜牧法修订草案。《畜牧法》主要内容包括规范畜牧业生产经营行为、保障畜禽产品供给和质量安全、保护和合理利用畜禽遗传资源、培育和推广畜禽优良品种、振兴畜禽种业、维护畜牧业生产经营者的合法权益、防范公共卫生风险等规定。

农业农村部畜牧行政管理部门和各级地方行政管理部门制定了与《畜牧法》相配套的管理办法、条例、规程等。比如《饲料质量安全管理规范》《畜禽标识和养殖档案管理办法》

《畜禽遗传资源保种场保护区和基因库管理办法》《优良种畜登记规则》《饲料和饲料添加剂管理条例》《生鲜乳生产收购管理办法》《畜禽规模养殖污染防治条例》《养蜂管理办法》《蚕种管理办法》《新疆维吾尔自治区种畜禽生产经营许可证管理办法》《新疆维吾尔自治区畜禽养殖场（小区）备案管理办法》。

▶3.《动物防疫法》主要内容是什么？

答：最新修订的《动物防疫法》于2021年5月1日起施行。内容包括动物防疫活动管理，预防、控制、净化、消灭动物疫病，促进养殖业发展，防控人畜共患传染病，保障公共卫生安全和人体健康等规定。

农业农村部兽医行政管理部门和各级地方行政管理部门制定了与《动物防疫法》相配套的管理办法、条例、规程等。比如《动物检疫管理办法》《动物防疫条件审核管理办法》《兽药管理条例》《兽用处方药和非处方药管理办法》《病死畜禽和病害畜禽产品无害化处理管理办法》《新疆维吾尔自治区畜禽屠宰管理条例》，各类畜禽产地检疫规程、各类畜禽屠宰检疫规程等。

▶4.《民法典》与畜禽养殖有关的内容是什么？

答：自2021年1月1日起施行的《民法典》，第七编侵权责任第九章规定了饲养动物损害责任。

▶5.《野生动物保护法》主要内容是什么？

答：《野生动物保护法》是为了保护野生动物，拯救珍贵、濒危野生动物，维护生物多样性和生态平衡，推进生态文明建设。内容涉及野生动物归属，野生动物及其栖息地保护，野生动物管理，法律责任。

全国人大及有关行政管理部门和各级地方行政管理部门制定了与《野生动物保护法》相配套的管理办法、条例、规程等。比如《中华人民共和国陆生野生动物保护实施条例》《野生动物保护法实施细则》《国家重点保护野生动物名录》，全国人民代表大会常务委员会关于全面禁止非法野生动物交易、革除滥食野生动物陋习、切实保障人民群众生命健康安全的决定，人工繁育国家重点保护水生野生动物名录，新疆则制定了《新疆国家重点保护野生动物名录》《新疆维吾尔自治区实施〈中华人民共和国野生动物保护法〉办法》。

6.《渔业法》主要内容是什么?

答:《渔业法》内容涉及渔业监管部门、养殖业、捕捞业、渔业资源的增殖和保护等方面。在中华人民共和国的内水、滩涂、领海、专属经济区及中华人民共和国管辖的一切其他海域从事养殖和捕捞水生动物、水生植物等渔业生产活动，都必须遵守本法。

农业农村部兽医行政管理部门和各级地方行政管理部门制定了与《渔业法》相配套的管理办法、条例、规程等。如《中华人民共和国渔业法实施细则》、《水产资源繁殖保护条例》、《水生野生动物保护实施条例》、《渔业行政处罚规定》、《非法捕捞案件涉案物品认（鉴）定和水生生物资源损害评估及修复办法（试行）》、部分水域禁渔的通告、《新疆维吾尔自治区实施〈中华人民共和国渔业法〉办法》。

第二章　畜禽养殖

第一节　畜禽养殖有关法律规定

1. 人们日常生活中提到的“畜禽”通常包括哪些?

答: 畜禽是指《国家畜禽遗传资源目录》范围内的畜禽(含蜂和蚕),不包括用于科学研究、教学、检定及其他科学实验的畜禽。

2. 什么人不允许饲养畜禽?

答:《动物防疫法》第三十五条明确规定,患有人畜共患传染病的人员不得直接从事动物疫病监测、检测、检验检疫、诊疗以及易感染动物的饲养、屠宰、经营、隔离、运输等活动。

3. 什么是人畜共患传染病?

答:《中华人民共和国传染病防治法》第七十八条规定,人畜共患传染病指人与脊椎动物共同罹患的传染病,如鼠疫、狂犬病、血吸虫病等。

饲养动物的人要与动物密切接触,患有人畜共患病的人员如果直接从事动物诊疗及动物饲养、经营和动物产品生产、经营活动，容易将传染病传染给动物、动物产品，造成交叉传染，导致疫病的广泛传播，必须予以禁止。

2022年6月23日农业农村部第571号公告发布的《人畜共患传染病名录》中还包括布鲁氏菌病、牛结核病、尼帕病毒性脑炎、鹦鹉热、日本脑炎（流行性乙型脑炎）、华支睾吸虫病等。

4. 患有人畜共患传染病的人员，直接从事易感染动物的饲养、屠宰、经营、隔离、运输等活动的应承担什么法律责任?

答：《动物防疫法》第九十六条规定，由县级以上地方人民政府农业农村或者野生动物保护主管部门责令改正；拒不改正的，处一千元以上一万元以下罚款；情节严重的，处一万元以上五万元以下罚款。

5. 目前新疆重点防控的人畜共患病有哪些?

答：新疆重点防控的人畜共患病主要包括布鲁氏菌病（简称布病）和棘球蚴病（俗称包虫病）。新疆确定了乌鲁木齐市5个区（除米东区和乌鲁木齐县）、克拉玛依市4个区、哈密市3个区县、特克斯县、青河县为布病非免疫区（二类地区），其他地区均为布病免疫区（一类地区）。

6. 养殖场（户）预防布病和包虫病要注意什么?

答：从事养殖、屠宰、畜产品经营等从业人员预防布病、包虫病应注意以下6点。

（1）在给牛羊进行人工助产时，一定要戴上防水手套、口罩，不要抽烟、吃东西，以防被患有布病的牛羊感染，这是最重要的一点，也是最容易感染的途径，一定要切记。

（2）和牛羊接触后，一定要及时洗手，用肥皂洗效果最好。

（3）饮食牛羊肉、牛奶时，一定要等牛羊肉熟透了再吃，牛奶煮沸几分钟后再饮用。

（4）每年定时给自养的牛羊进行预防，给新生牲畜注射布病或包虫病疫苗，定期对牛羊圈舍开展全面消毒工作。

（5）坚决禁止将病变的脏器喂狗，定期对犬进行驱虫，避免接触野犬。

（6）学习掌握一些布病知识，如果发现有感染布病的早期症状，要及时就医做检测，做到早发现早治疗，绝大多数早期发现感染布病的患者，经治疗是可以痊愈的。

只要做到以上6点，就能大大地降低从业人员感染布病和包虫病的概率。

7. 饲养动物需要承担什么法律责任?

答：《动物防疫法》第七条规定，从事动物饲养、屠宰、经营、隔离、运输以及动物产品生产、经营、加工、贮藏等活动的单位和个人，依照本法和国务院农业农村主管部门的规定，做好免疫、消毒、检测、隔离、净化、消灭、无害化处理等动物防疫工作，承担动物防疫相关责任。

8. 什么是免疫?

答：免疫是指将人工研制的免疫制剂（疫苗）通过人工接种给动物，使动物产生抵抗某种疫病的抗体的行为。比如，给鸡、鸭、鹅、鸽子注射高致病性禽流感疫苗，这项工作就是给这些动物实施免疫的行为。

▶9. 什么是消毒?

答：消毒是指人们在打扫畜舍或养殖场周边环境卫生后，再用化学消毒剂消毒的行为。

▶10. 疫病检测是什么意思?

答：疫病检测是指技术人员专门抽取动物的血液，通过使用专门的试剂和设备对这些血液进行检验和测试，来判断这些动物是否感染某些疫病或者是否产生抗体。

▶11. 隔离是什么意思?

答：动物法律法规条文中的“隔离”与人类医学中的“隔离”意思是一样的。可以分为传染病隔离和保护性隔离。

传染病隔离，是将处于传染病期的传染病患病动物、可疑患病动物固定在发病地点，暂时避免与其他动物接触。通过隔离，可以最大限度地缩小环境污染范围，减少传染病传播的机会。如发生动物疫病时的疫点和疫区。

保护性隔离，是指将易感动物临时安置在指定的动物隔离场所或圈舍中，等检疫合格后，再继续运输或合群的措施。比如，从内地购买的牛、羊等家畜家禽，经甘肃省进入新疆境内后（星星峡），会运输到指定的隔离场所进行隔离检疫，牛、羊需要隔离30天，隔离期间动物没有生病，检测合格后，隔离期满，就可以在新疆范围内继续运输到目的地。

▶12. 净化和消灭是什么意思?

答：净化、消灭是国际上广泛运用的动物防疫策略，是在预防、控制基础上，逐步根除疫病病原的进一步措施，与预防、控制共同构成动物防疫的主要内容。实施动物疫病净化、消灭，是动物疫病防控的重要路径，也是动物疫病防控的最终目标。

13. 无害化处理是什么意思?

答：无害化处理也可以理解为安全化处理，无害化处理包括动物的排泄物、患病动物、病死动物内的有害病原（细菌、病毒、寄生虫等）无害化处理。无害化处理需要专业技术人员的指导。

14. 如果饲养的动物出现病死，可以自行处理吗?

答：不能，应该上报兽医主管部门，同时采取必要的隔离和消毒措施。《动物防疫法》第三十七条规定，任何单位和个人不得瞒报、谎报、迟报、漏报动物疫情，不得授意他人瞒报、谎报、迟报动物疫情，不得阻碍他人报告动物疫情。

15. 从事动物饲养的单位和个人，发现动物染疫、疑似染疫未报告，或者未采取隔离等控制措施的，应承担什么法律责任?

答：《动物防疫法》第一百零八条规定，由县级以上地方人民政府农业农村主管部门责令改正，可以处一万元以下罚款；拒不改正的，处一万元以上五万元以下罚款，并可以责令停业整顿。

16. 哪些地方是禁止养动物的?

答:《畜牧法》第四十条明确规定，禁止在下列区域内建设畜禽养殖场、养殖小区：

（一）生活饮用水的水源保护区，风景名胜区，以及自然保护区的核心区和缓冲区；

（二）城镇居民区、文化教育科学研究区等人口集中区域；

（三）法律、法规规定的其他禁养区域。

17. 从事畜禽养殖不允许的行为有哪些?

答:《畜牧法》第四十三条明确规定，从事畜禽养殖，不得有下列行为：

（一）违反法律、行政法规的规定和国家技术规范的强制性要求使用饲料、饲料添加剂、兽药；

（二）使用未经高温处理的餐馆、食堂的泔水饲喂家畜；

（三）在垃圾场或者使用垃圾场中的物质饲养畜禽；

（四）法律、行政法规和国务院畜牧兽医行政主管部门规定的危害人和畜禽健康的其他行为。

18. 法律规定畜禽养殖者对粪污处理应承担什么法律责任?

答:《畜牧法》第四十六条规定，畜禽养殖场、养殖小区应当保证畜禽粪便、废水及其他固体废弃物综合利用或者无害化处理设施的正常运转，保证污染物达标排放，防止污染环境。

畜禽养殖场、养殖小区违法排放畜禽粪便、废水及其他固体废弃物，造成环境污染危害的，应当排除危害，依法赔偿损失。

第二节　动物强制免疫

▶1. 什么是动物疫病强制免疫（简称强制免疫）？

答：强制免疫是指国家对高致病性禽流感、小反刍兽疫等严重危害养殖业生产和人体健康的动物疫病，采取强制性免疫计划，最终达到预防、控制、净化、消灭动物疫病的目的的制度，确实保障养殖业健康可持续发展。

▶2. 给畜禽实施强制免疫是畜禽养殖依法履行的义务吗？

答：是的。《动物防疫法》第十七条明确规定，饲养动物的单位和个人应当履行动物疫病强制免疫义务，按照强制免疫计划和技术规范，对动物实施免疫接种，并按照国家有关规定建立免疫档案、加施畜禽标识，保证可追溯。

▶3. 国家规定的强制免疫的病种和动物有哪些？

答：根据《国家动物疫病强制免疫指导意见（2022—2025年）》通知要求，我国实施强制免疫的病种和动物如下。

（1）高致病性禽流感。对全国所有鸡、鸭、鹅、鹌鹑等人工饲养的禽类免疫。

（2）口蹄疫。对全国所有猪、牛、羊、骆驼、鹿进行口蹄疫免疫。

（3）小反刍兽疫。对全国所有羊进行小反刍兽疫免疫。

（4）布鲁氏菌病。对种畜以外的牛羊进行布鲁氏菌病免疫，种畜禁止免疫。

（5）包虫病。内蒙古、四川、西藏、甘肃、青海、宁夏、新疆和新疆生产建设兵团等重点疫区对羊进行免疫。

（6）其他。省级农业农村部门可根据辖区内动物疫病流行情况，对猪瘟、新城疫、猪繁殖与呼吸综合征、牛结节性皮肤病、羊痘、狂犬病、炭疽等疫病实施强制免疫。

4. 新疆动物疫病免疫病种有哪些?

答：《新疆维吾尔自治区2022年动物疫病免疫计划》将动物疫病免疫病种分为以下三类。

（1）强制免疫病种：高致病性禽流感、口蹄疫、小反刍兽疫、布鲁氏菌病、包虫病。

（2）重点外来动物疫病免疫病种：牛结节性皮肤病。

（3）常规免疫病种：各地根据辖区内动物疫病流行情况，指导养殖场（户）开展猪瘟、新城疫、猪繁殖与呼吸综合征、羊痘、狂犬病、炭疽等疫病免疫工作。

5. 新疆各类动物疫病免疫范围和疫苗是怎么规定的?

答：（1）高致病性禽流感。对全疆所有鸡、鸭、鹅、鸽、鹌鹑等人工饲养的禽类，进行H5亚型和H7亚型高致病性禽流感免疫。

（2）口蹄疫。对全疆所有牛、羊、骆驼、鹿进行O型和A型口蹄疫免疫；对全疆所有猪进行O型口蹄疫免疫。

（3）小反刍兽疫。对全疆所有羊进行小反刍兽疫活疫苗免疫。

（4）布鲁氏菌病。全疆牛羊种畜禁止免疫，奶畜原则上不免疫。羊的布病免疫优先选用布鲁氏菌M5号疫苗，牛的布病免疫推荐使用布鲁氏菌A19号疫苗。

布病免疫县（市）当奶畜养殖场布病阳性率较高时，可向当地县级以上农业农村（畜牧兽医）行政主管部门提出免疫申请，经县级以上农业农村（畜牧兽医）行政主管部门报自治区畜牧兽医局备案后，以场群为单位采取免疫措施。

（5）包虫病。对自治区畜牧兽医行政主管部门确定的包虫病重点流行地区（伊犁州、阿勒泰地区、塔城地区、博州、昌吉州、乌鲁木齐市、哈密市、巴州、克州、和田地区、阿克苏地区、喀什地区的牧业县、半农半牧县的牧区）的新生羔羊及补栏羊实行全面免疫，使用羊棘球蚴病基因工程亚单位疫苗，同时采取羔羊强制免疫和犬驱虫相结合的防控措施。

（6）牛结节性皮肤病。伊犁州、博州、塔城地区、阿勒泰地区所有与哈萨克斯坦接壤的边境县（市）应建立免疫隔离带，其中伊犁州要对辖区内所有牛开展全面免疫，使用山羊痘活疫苗。其他地（州、市）特别是从内地省份调运牛只数量较大、肉牛奶牛产业发展较快的县（市、区），根据本地风险评估结果开展免疫，并报自治区畜牧兽医局备案。

6. 从哪里可以获得强制免疫的疫苗?

答：《兽用生物制品经营管理办法》第九条规定，省级人民政府畜牧兽医主管部门对国家强制免疫用生物制品可以依法组织实行政府采购、分发。放开强制免疫疫苗经营，鼓励养殖场（户）自主采购。

疫苗产品信息可在中国兽药信息网“国家兽药基础信息查询”平台“兽药产品批准文号数据”中查询。

7. 强制免疫的具体要求是什么?

答：根据《国家动物疫病强制免疫指导意见（2022—2025年）》要求对散养动物，采取春秋两季集中免疫与定期补免相结合的方式进行免疫，对规模养殖场（户）及有条件的地方实施程序化免疫。

8. 畜禽动物疫病强制免疫工作由谁负责?

答：由饲养动物的单位和个人负责。《动物防疫法》第十七条规定，饲养动物的单位和个人应当履行动物疫病强制免疫义务，按照强制免疫计划和技术规范，对动物实施免疫接种，并按照国家有关规定建立免疫档案，加施畜禽标识，保证可追溯。

9. “先打后补”是什么意思?

答：新疆全面推进“先打后补”。各地可以采用养殖场（户）自行免疫、第三方服务主体免疫、政府购买服务等多种形式，依托“自治区强制免疫先打后补申报系统”全面推进“先打后补”工作，在2022年底前实现规模养殖场（户）全覆盖，年底前政府招标采购强制免疫疫苗停止供应规模养殖场，在2025年底前逐步全面停止政府招标采购强制免疫疫苗。即允许养殖场（户）自主采购疫苗、自行开展免疫，免疫达到要求后，申请财政补贴。

10. 新疆动物疫病强制免疫经费支持是什么情况?

答：依照《动物防疫法》有关规定，县级以上人民政府按照本级政府职责，将动物疫病的预防、控制等所需经费纳入本级预算。各地要按照《财政部、农业农村部关于修订印发农业相关转移支付资金管理办法的通知》（财农〔2020〕10号）、《新疆维吾尔自治区动物防疫等补助经费管理办法》（新财规〔2020〕8号）要求，根据疫苗实际招标价格、需求数量及动物防疫工作实际需要，结合中央和自治区财政补助资金，据实安排强制免疫本级财政补助资金，保障动物免疫工作正常顺利开展，构筑有效的免疫屏障。

11. 强制免疫记录要记录什么?

答：养殖场（户）要详细记录畜禽存栏、出栏、免疫等情况，特别是疫苗种类、生产厂家、生产批号等信息。乡镇动物防疫机构、村级防疫员要做好免疫记录、按时报告，确保免疫记录与畜禽标识相符。

12. 免疫记录的保存时间是多久?

答：养殖场（户）应当建立真实、完整的采购、贮存、使用记录，并保存至制品有效期满2年后。

13. 为什么要采动物的血?

答：动物防疫人员给动物采血有以下目的：

（1）动物疫病监测需要采血；

（2）动物产地检疫需要采血；

（3）动物免疫效果检测需要采血；

（4）动物疾病诊断需要采血。

当遇到上述情况时，养殖者应予以配合。

14. 拒绝或者阻碍动物疫病预防控制机构进行动物疫病监测、检测、评估的，应承担什么法律责任?

答：《动物防疫法》第一百零八条明确规定，拒绝或者阻碍动物疫病预防控制机构进行动物疫病监测、检测、评估的，由县级以上地方人民政府农业农村主管部门责令改正，可以处一万元以下罚款；拒不改正的，处一万元以上五万元以下罚款，并可以责令停业整顿。

15. 动物因为实施强制免疫或疫病检测采血造成死亡的，国家有补助政策吗?

答：动物因为强制免疫或采血造成动物出现应激反应，经抢救无效造成死亡的，可以获得相应的财政补助。根据各省（区、市）畜禽大小、品种等因素细化补助测算标准。

16. 畜禽粪便该怎么处理?

答：按照国家规定的标准进行无害化处理。2018年我国发布了专门的技术规范，《畜禽粪便无害化处理技术规范》（GB/T 36195—2018）。

17. 什么是粪便无害化处理?

答：粪便无害化处理是指利用高温、好氧发酵、厌氧发酵或消毒等技术使畜禽粪便达到卫生学要求的过程。

18. 动物出现死亡，养殖户该怎么处理?

答：首先要报告主管部门，由主管部门确认死亡原因，并根据国家制定的技术规程进行处理。

▶ 19. 为什么有的畜禽要被强制性扑杀?

答：动物扑杀是指，当发生一类动物疫病或二、三类动物疫病呈暴发流行时，依据我国《动物防疫法》及相关法律法规规定，应对宣布范围内染疫的及易感的动物群体，采取导致其快速死亡的处置措施。扑杀感染发病动物及其同群动物是控制和扑灭重大动物疫情的关键措施之一。

▶ 20. 强制性扑杀动物时，要考虑动物福利吗?

答：考虑。做好扑杀动物时的福利工作，既是有关国际组织的要求，也是防范病毒扩散的有效举措。2021年5月25日，中国动物卫生与流行病学中心官网公开征求《疫病控制中扑杀动物的福利准则》的修改意见。

第三节　奶畜养殖

▶ 1. 什么是乳用动物?

答：农业部制定的《乳用动物健康标准》中规定，乳用动物是指用于生产供人类食用或加工用生鲜乳的奶牛、奶山羊等动物。奶骆驼、奶驴也属于乳用动物。

▶ 2. 什么是种用动物?

答：种用动物是指在一定的社会条件和自然条件下，具有较高经济价值和种用价值的畜禽。比如，种公牛、种公马、种公驴、种公鸡及具有繁殖能力的母畜或母鸡均可称为种用动物。

3. 饲养乳用、种用动物有什么要求?

答:《动物防疫法》第二十三条规定，种用、乳用动物应当符合国务院农业农村主管部门规定的健康标准。

饲养种用、乳用动物的单位和个人，应当按照国务院农业农村主管部门的要求，定期开展动物疫病检测；检测不合格的，应当按照国家有关规定处理。

4. 奶畜养殖场的养殖档案包括哪些内容?

答:《乳品质量安全监督管理条例》第十三条明确规定，奶畜养殖场应当建立养殖档案，载明以下内容：

（一）奶畜的品种、数量、繁殖记录、标识情况、来源和进出场日期；

（二）饲料、饲料添加剂、兽药等投入品的来源、名称、使用对象、时间和用量；

（三）检疫、免疫、消毒情况；

（四）奶畜发病、死亡和无害化处理情况；

（五）生鲜乳生产、检测、销售情况；

（六）国务院畜牧兽医主管部门规定的其他内容。

5. 奶畜的“两病”是指什么病?

答: 通常说的“两病”是指布鲁氏菌病和结核病。

▶6. 布鲁氏菌病、结核病检测比例为100%是什么意思?

答: 每一头奶牛，每一只奶山羊都必须进行布鲁氏菌病检测和结核病检测。

▶7. 奶牛、奶山羊除了布病、结核病检测外，还要检测什么病?

答: 按照国家动物疫病监测计划对口蹄疫、牛海绵状脑病、山羊痘、小反刍兽疫等疫病进行监测。

▶8. 在奶畜养殖过程中，使用违禁药品和其他化合物的应承担什么法律责任?

答: 按照《奶畜养殖和生鲜乳收购运输环节违法行为依法从重处罚的规定》(2022年1月7日农业农村部令2022年第1号修订)，在奶畜养殖过程中，使用违禁药品和其他化合物的，依照《国务院关于加强食品等产品安全监督管理的特别规定》第四条第二款，没收违法所得，货值金额不足5000元的，并处2万元罚款；货值金额5000元以上不足1万元的，并处5万元罚款；货值金额1万元以上的，并处货值金额10倍的罚款。对饲喂了违禁药品和其他化合物的奶畜所产的生鲜乳，依照《兽药管理条例》第六十二条的规定，责令违法行为人进行无害化处理。对违禁药品，依照《饲料和饲料添加剂管理条例》第四十七条第一款的规定予以没收。

▶9. 从事奶畜养殖，在兽药、饲料等投入品使用方面应遵守什么要求?

答:《乳品质量安全监督管理条例》第十四条明确规定，

从事奶畜养殖，不得使用国家禁用的饲料、饲料添加剂、兽药以及其他对动物和人体具有直接或者潜在危害的物质。

禁止销售在规定用药期和休药期内的奶畜产的生鲜乳。

10. 什么是生鲜乳?

答：《生鲜乳生产收购管理办法》第二条规定，生鲜乳是指未经加工的奶畜原奶。

11. 生鲜乳中可以添加什么物质?

答：禁止添加任何物质。《乳品质量安全监督管理条例》第七条明确规定，禁止在生鲜乳生产、收购、贮存、运输、销售过程中添加任何物质。

禁止在乳制品生产过程中添加非食品用化学物质或者其他可能危害人体健康的物质。

12. 对贮存生鲜乳的容器有什么要求?

答：《乳品质量安全监督管理条例》第二十五条规定，贮存生鲜乳的容器，应当符合国家有关卫生标准，在挤奶后2小时内应当降温至0～4℃。

13. 对生鲜乳运输车辆有什么要求?

答：《乳品质量安全监督管理条例》第二十五条规定，生鲜乳运输车辆应当取得所在地县级人民政府畜牧兽医主管部门核发的生鲜乳准运证明，并随车携带生鲜乳交接单。交接单应当载明生鲜乳收购站的名称、生鲜乳数量、交接时间，并由生鲜乳收购站经手人、押运员、司机、收奶员签字。

生鲜乳交接单一式两份，分别由生鲜乳收购站和乳品生产者保存，保存时间2年。准运证明和交接单式样由省、自治区、直辖市人民政府畜牧兽医主管部门制定。

14. 生鲜乳的保存条件是什么?

答：《乳品质量安全监督管理条例》第十八条明确规定，生鲜乳应当冷藏。超过2小时未冷藏的生鲜乳，不得销售。

15. 国家规定禁止收购的生鲜乳包括哪些?

答：《乳品质量安全监督管理条例》第二十四条明确规定，禁止收购下列生鲜乳：

（一）经检测不符合健康标准或者未经检疫合格的奶畜产的；

（二）奶畜产犊7日内的初乳，但以初乳为原料从事乳制品生产的除外；

（三）在规定用药期和休药期内的奶畜产的；

（四）其他不符合乳品质量安全国家标准的。

对前款规定的生鲜乳，经检测无误后，应当予以销毁或者采取其他无害化处理措施。

第三章　创办养殖场

第一节　畜禽养殖场

1. 什么是畜禽养殖场（小区）?

答:《新疆维吾尔自治区畜禽养殖场（小区）备案管理办法》第二条第一款规定，本办法所称畜禽养殖场（小区），是指由企业、合作社或个人兴建的，具有固定养殖场所，畜禽常年存栏相对稳定，实行标准化生产、集约化经营的养殖基地。

2. 畜禽养殖场（小区）的备案标准是什么?

答:《新疆维吾尔自治区畜禽养殖场（小区）备案管理办法》第五条第一款规定，凡是达到下列标准（按设计规模）的畜禽养殖场（小区）必须备案：生猪年出栏500头以上、肉牛年出栏100头以上、肉羊年出栏500只以上、荷斯坦奶牛年存栏50头以上、乳用西门塔尔牛（乳用新疆褐牛）年存栏100头以上、蛋禽年存栏5000羽以上、肉禽年出栏10000羽以上、马（驴、驼）100匹（头、峰）以上、兔出栏5000只以上。其他畜种另行规定。

▶3. 畜禽养殖场应当具备什么条件?

答:《畜牧法》第三十九条规定，畜禽养殖场、养殖小区应当具备下列条件:

（一）有与其饲养规模相适应的生产场所和配套的生产设施;

（二）有为其服务的畜牧兽医技术人员;

（三）具备法律、行政法规和国务院畜牧兽医行政主管部门规定的防疫条件;

（四）有对畜禽粪便、废水和其他固体废弃物进行综合利用的沼气池等设施或者其他无害化处理设施;

（五）具备法律、行政法规规定的其他条件。

养殖场、养殖小区兴办者应当将养殖场、养殖小区的名称、养殖地址、畜禽品种和养殖规模，向养殖场、养殖小区所在地县级人民政府畜牧兽医行政主管部门备案，取得畜禽标识代码。

省级人民政府根据本行政区域畜牧业发展状况制定畜禽养殖场、养殖小区的规模标准和备案程序。

▶4. 什么是畜禽养殖代码?

答:《新疆维吾尔自治区畜禽养殖场（小区）备案管理办法》第十一条规定，畜禽养殖代码由县（市、区）畜牧兽医行政主管部门通过农业农村部规模养殖场备案管理平台自动赋予。

县（市、区）畜牧兽医行政主管部门应将畜禽养殖场（小区）备案赋码情况及时反馈经营畜禽养殖场（小区）的单位或个人。

每个畜禽养殖场（小区）仅有一个畜禽养殖代码。畜禽养殖代码由15位阿拉伯数字组成，第1至6位为行政区划代码、第7至8位为畜牧业生产经营单位类别代码、第9至14位为顺序码、第15位为校验码。

5. 养殖场的防疫条件有什么要求?

答： 2022年9月7日农业农村部发布的《动物防疫条件审查办法》第二条规定，动物饲养场、动物隔离场所、动物屠宰加工场所以及动物和动物产品无害化处理场所，应当符合本办法规定的动物防疫条件，并取得动物防疫条件合格证。

经营动物和动物产品的集贸市场应当符合本办法规定的动物防疫条件。

6. 养殖场选址有什么要求?

答： 2022年9月7日农业农村部发布的《动物防疫条件审查办法》第六条中规定，动物饲养场各场所之间，各场所与动物诊疗场所、居民生活区、生活饮用水水源地、学校、医院等公共场所之间保持必要的距离。

7. 禁养区是什么意思?

答： 2016年10月28日，国家环境保护部办公厅印发的《畜禽养殖禁养区划定技术指南》，定义禁养区是指县级以上地方人民政府依法划定的禁止建设养殖场或禁止建设有污染物排放的养殖场的区域。

▶8. 动物饲养场技术人员有什么要求?

答： 2022年9月7日农业农村部发布的《动物防疫条件审查办法》第六条规定，动物饲养场应配备与其生产经营规模相适应的执业兽医或者动物防疫技术人员。

第十七条规定，患有人畜共患传染病的人员不得在本办法第二条所列场所直接从事动物疫病检测、检验、协助检疫、诊疗以及易感染动物的饲养、屠宰、经营、隔离等活动。

▶9. 动物饲养场布局应当符合什么条件?

答： 2022年9月7日农业农村部发布的《动物防疫条件审查办法》第六条规定，动物饲养场、动物隔离场所、动物屠宰加工场所以及动物和动物产品无害化处理场所应当符合下列条件：

（一）各场所之间，各场所与动物诊疗场所、居民生活区、生活饮用水水源地、学校、医院等公共场所之间保持必要的距离。

（二）场区周围建有围墙等隔离设施；场区出入口处设置运输车辆消毒通道或者消毒池，并单独设置人员消毒通道；生产经营区与生活办公区分开，并有隔离设施；生产经营区入口处设置人员更衣消毒室。

（三）配备与其生产经营规模相适应的执业兽医或者动物防疫技术人员。

（四）配备与其生产经营规模相适应的污水、污物处理设施，清洗消毒设施设备，以及必要的防鼠、防鸟、防虫设施设备。

（五）建立隔离消毒、购销台账、日常巡查等动物防疫制度。

▶10. 动物饲养场应当具有什么设施设备?

答： 2022年9月7日农业农村部发布的《动物防疫条件审查办法》第七条规定，动物饲养场除符合本办法第六条规定外，还应当符合下列条件：

（一）设置配备疫苗冷藏冷冻设备、消毒和诊疗等防疫设备的兽医室。

（二）生产区清洁道、污染道分设；具有相对独立的动物隔离舍。

（三）配备符合国家规定的病死动物和病害动物产品无害化处理设施设备或者冷藏冷冻等暂存设施设备。

（四）建立免疫、用药、检疫申报、疫情报告、无害化处理、畜禽标识及养殖档案管理等动物防疫制度。

禽类饲养场内的孵化间与养殖区之间应当设置隔离设施，并配备种蛋熏蒸消毒设施，孵化间的流程应当单向，不得交叉或者回流。

种畜禽场除符合本条第一款、第二款规定外，还应当有国家规定的动物疫病的净化制度；有动物精液、卵、胚胎采集等生产需要的，应当设置独立的区域。

▶11. 动物饲养场应当制定哪些管理制度?

答： 2022年9月7日农业农村部发布的《动物防疫条件审查办法》第六条的规定，建立隔离消毒、购销台账、日常巡查等动物防疫制度。

2022年9月7日农业农村部发布的《动物防疫条件审查办法》第七条的规定，动物饲养场应当按规定建立免疫、用药、检疫申报、疫情报告、无害化处理、畜禽标识及养殖档案管理等动物防疫制度。禽类饲养场内的孵化间与养殖区之间应当设置隔离设施，并配备种蛋熏蒸消毒设施，孵化间的流程应当单向，不得交叉或者回流。种畜禽场当有国家规定的动物疫病的净化制度。

▶ 12. 动物饲养场无害化处理处理设施有什么要求?

答:《畜禽规模养殖污染防治条例》第十三条规定，畜禽养殖场、养殖小区应当根据养殖规模和污染防治需要，建设相应的畜禽粪便、污水与雨水分流设施，畜禽粪便、污水的贮存设施，粪污厌氧消化和堆沤、有机肥加工、制取沼气、沼渣沼液分离和输送、污水处理、畜禽尸体处理等综合利用和无害化处理设施。已经委托他人对畜禽养殖废弃物代为综合利用和无害化处理的，可以不自行建设综合利用和无害化处理设施。

未建设污染防治配套设施、自行建设的配套设施不合格，或者未委托他人对畜禽养殖废弃物进行综合利用和无害化处理的，畜禽养殖场、养殖小区不得投入生产或者使用。

畜禽养殖场、养殖小区自行建设污染防治配套设施的，应当确保其正常运行。

▶ 13. 什么是畜禽标识?

答:《畜禽标识和养殖档案管理办法》第二条规定，畜禽标识是指经农业部批准使用的耳标、电子标签、脚环以及其他承载畜禽信息的标识物。

14. 畜禽养殖者如何获取畜禽标识?

答:《畜禽标识和养殖档案管理办法》第十一条规定，畜禽养殖者应当向当地县级动物疫病预防控制机构申领畜禽标识。

15. 对畜禽加施畜禽标识有什么规定?

答:《畜禽标识和养殖档案管理办法》第十一条规定，按照下列规定对畜禽加施畜禽标识:

（一）新出生畜禽，在出生后30天内加施畜禽标识；30天内离开饲养地的，在离开饲养地前加施畜禽标识；从国外引进畜禽，在畜禽到达目的地10日内加施畜禽标识。

（二）猪、牛、羊在左耳中部加施畜禽标识，需要再次加施畜禽标识的，在右耳中部加施。

16. 养殖户（小区）的养殖档案有什么要求?

答:《畜禽标识和养殖档案管理办法》第十八条规定，畜禽养殖场应当建立养殖档案，载明以下内容:

（一）畜禽的品种、数量、繁殖记录、标识情况、来源和进出场日期;

（二）饲料、饲料添加剂等投入品和兽药的来源、名称、使用对象、时间和用量等有关情况;

（三）检疫、免疫、监测、消毒情况;

（四）畜禽发病、诊疗、死亡和无害化处理情况;

（五）畜禽养殖代码;

（六）农业农村部规定的其他内容。

17. 饲养种畜的养殖档案有什么要求?

答:《畜禽标识和养殖档案管理办法》第二十一条规定，饲养种畜应当建立个体养殖档案，注明标识编码、性别、出生日期、父系和母系品种类型、母本的标识编码等信息。

种畜调运时应当在个体养殖档案上注明调出和调入地，个体养殖档案应当随同调运。

18. 养殖档案和防疫档案应该保存多长时间?

答:《畜禽标识和养殖档案管理办法》第二十二条规定，养殖档案和防疫档案保存时间：商品猪、禽为2年，牛为20年，羊为10年，种畜禽长期保存。

第二节　蜂、蚕和水产养殖要求

1. 种蜂生产经营单位和个人，需要获得什么许可证?

答:《养蜂管理办法（试行)》第七条规定，种蜂生产经营单位和个人，应当依法取得《种畜禽生产经营许可证》。出售的种蜂应当附具检疫合格证明和种蜂合格证。

《养蜂管理办法（试行)》第八条规定，养蜂者可以自愿向县级人民政府养蜂主管部门登记备案，免费领取《养蜂证》，凭《养蜂证》享受技术培训等服务。

《养蜂证》有效期三年，格式由农业部统一制定。

2. 养蜂需要养殖档案吗?

答：需要。《养蜂管理办法（试行）》第十一条规定，登记备案的养蜂者应当建立养殖档案及养蜂日志，载明以下内容：

（一）蜂群的品种、数量、来源；

（二）检疫、消毒情况；

（三）饲料、兽药等投入品来源、名称，使用对象、时间和剂量；

（四）蜂群发病、死亡、无害化处理情况；

（五）蜂产品生产销售情况。

3. 从事蚕种生产、经营活动需要获得哪些许可证?

答：应当取得蚕种生产、经营许可证。

4. 申请蚕种生产许可证应当具备什么条件?

答：根据2022年1月7日农业农村部第1号令修订的《蚕种管理办法》第十六条，申请蚕种生产许可证，应当具备下列条件：

（一）符合国家与区域蚕业发展规划要求；

（二）有与蚕种生产能力相适应的桑园（柞林）或者稳定安全的原蚕饲育区；

（三）有与蚕种生产相适应的资金和检验等设施；

（四）有与蚕种生产相适应的专业技术人员；

（五）有能够有效控制蚕微粒子病的质量保证措施；

（六）一代杂交种年生产能力5万张以上。

申请蚕种冷藏、浸酸生产许可证，应当具备与冷藏能力相适应的冷藏库房、浸酸设备仪器、场地和相关专业技术人员。

5. 申请蚕种经营许可证应当具备什么条件?

答: 根据2022年1月7日农业农村部第1号令修订的《蚕种管理办法》第十七条，申请蚕种经营许可证，应当具备下列条件:

（一）有与蚕种经营规模相适应的场所、资金和保藏、检验等设施;

（二）有与蚕种经营相适应的专业技术人员;

（三）经营的蚕种应当是通过审定的品种。

6. 蚕种生产者需要建立蚕种生产档案吗?

答: 需要。蚕种生产档案应当载明品种名称、亲本来源、繁制地点、生产数量、检疫检验结果、技术与质检负责人、销售去向等内容。蚕种生产档案应当保存二年以上。

7. 未依法取得养殖证，擅自在全民所有的水域从事养殖生产的单位或个人应承担什么法律责任?

答: 责令改正，补办养殖证或者限期拆除养殖设施。

第四章　动物疫病

第一节　动物疫病分类

1. 什么是动物疫病?

答:《动物防疫法》第三条第三款规定动物疫病是指动物传染病，包括寄生虫病。

2. 什么是动物传染病?

答: 动物传染病是指由病原微生物引起，具有一定潜伏期和临床表现，并具有传染性和流行性的疾病。以小反刍兽疫（羊瘟）为例，解释动物传染病。

小反刍兽疫

小反刍兽疫的病原微生物：小反刍兽疫病毒。

小反刍兽疫的流行性：一年四季均可发生，易感羊群的发病率和死亡率可达100%。

小反刍兽疫的潜伏期：是指从感染病原到动物最早临床症状开始的时间。小反刍兽疫的潜伏期一般为4～6天，短的1～2天，长者10天，OIE《陆生动物卫生法典》

规定最长潜伏期为21天。

小反刍兽疫的临床表现：山羊临床症状比较典型。发热，体温可达40～41℃，持续3～8天，口鼻分泌物严重增加，腹泻严重，有时伴有口腔溃疡；有时表现为支气管肺炎，类似羊支原体肺炎；怀孕母羊可能发生流产。

小反刍兽疫为羊的高度接触性动物传染病，主要通过呼吸道和消化道感染。传播方式主要是接触传播，可通过与病羊直接接触传播，病羊的鼻液、粪尿等分泌物和排泄物可含有大量的病毒，与被病毒污染的饲料、饮水、衣物、工具、圈舍和牧场等接触也可发生间接传播，在养殖密度较高的羊群偶尔会发生近距离的气溶胶传播。

3. 什么是动物寄生虫病?

答：动物寄生虫病是指动物因寄生虫感染引发的疫病。比如马蛔虫病、羊包虫病、牛羊疥癣病、鸡球虫病。

4. 动物疫病分为几类?

答：《动物防疫法》第四条规定，根据动物疫病对养殖业生产和人体健康的危害程度，本法规定的动物疫病分为下列三类：

（一）一类疫病，是指口蹄疫、非洲猪瘟、高致病性禽流感等对人、动物构成特别严重危害，可能造成重大经济损失和社会影响，需要采取紧急、严厉的强制预防、控制等措施的；

（二）二类疫病，是指狂犬病、布鲁氏菌病、草鱼出血病等对人、动物构成严重危害，可能造成较大经济损失和社会影响，需要采取严格预防、控制等措施的；

（三）三类疫病，是指大肠杆菌病、禽结核病、鳖腮腺炎病等常见多发，对人、动物构成危害，可能造成一定程度的经济损失和社会影响，需要及时预防、控制的。

5. 我国规定的动物疫病有多少种？

答：2008年农业部公布的《一、二、三类动物疫病病种名录》中规定动物疫病有157种。其中，一类动物疫病17种，二类动物疫病77种，三类动物疫病63种。2022年3月农业农村部公布的《一二三类动物疫病病种名录（修订征求意见稿）》中规定动物疫病有171种。其中，一类动物疫病9种，二类动物疫病41种，三类动物疫病121种。

6. 一类动物疫病包括哪些病种？

答：2022年3月农业农村部公布的《一二三类动物疫病病种名录（修订征求意见稿）》中规定的9种一类动物疫病分别是：口蹄疫、猪水泡病、非洲猪瘟、尼帕病毒性脑炎、非洲马瘟、牛海绵状脑病、痒病、小反刍兽疫、高致病性禽流感。

第二节 动物疫病处理

1. 养殖户怎么知道动物发生疫病了？

答：凡是在短时间内发病数量增多、死亡率高、产奶量或产蛋量明显下降、出现异常临床症状、常规治疗没有效果时，就可以推断动物得了疫病。

▶ 2. 怀疑动物得了疫病，养殖户该怎么办?

答：根据《动物防疫法》的相关规定，养殖户必须做好以下两件事。第一，养殖户应当立即向所在地农业农村主管部门或者动物疫病预防控制机构报告，报告动物品种、临床表现、发病率或死亡率、所在位置。第二，就地迅速采取隔离措施，把染疫动物和同群动物关好，在养殖场所周边喷洒消毒剂，等待专业人员处理。在此期间，禁止个人买卖动物、屠宰动物、运输动物。

▶ 3. 动物发生疫病，由哪个部门向全社会公布动物疫情?

答：《动物防疫法》第三十六条明确规定，国务院农业农村主管部门向社会及时公布全国动物疫情，也可以根据需要授权省、自治区、直辖市人民政府农业农村主管部门公布本行政区域的动物疫情。其他单位和个人不得发布动物疫情。

▶ 4. 未经许可，任何单位和个人擅自发布动物疫情的应承担什么法律责任?

答：《动物防疫法》第一百零四条明确规定，由县级以上地方人民政府农业农村主管部门责令改正，处三千元以上三万元以下罚款。

▶ 5. 发布虚假动物疫情应承担什么法律责任?

答：《中华人民共和国治安管理处罚法》第二十五条第一项规定，散布谣言，谎报疫情的处五日以上十日以下拘留，可以并处五百元以下罚款；情节较轻的，处五日以下拘留或者五百元以下罚款。

《动物防疫法》第一百零四条第一项规定，擅自发布动物疫情的，由县级以上地方人民政府农业农村主管部门责令改正，处三千元以上三万元以下罚款。

6. 自己家养的奶牛看起来很正常，但是布病检测为阳性，这是怎么回事?

答：布病检测阳性说明这头奶牛体内存在布鲁氏菌。

布病

布病是由布鲁氏菌引起的一种人畜共患慢性传染病，又称布鲁氏杆菌病，简称布病。在家畜中牛、羊、猪最常发生，且可以传染给人和其他家畜，特征是生殖器官和胎膜发炎，引起母畜流产、公畜不育，给畜牧业生产和人类健康带来严重危害。该病可以发生交叉感染，比如羊布鲁氏菌主要感染绵羊、山羊，也可以感染牛、猪、鹿、骆驼和人。牛布鲁氏菌主要感染牛，也可以感染羊、猪、马、犬、骆驼和人。患病动物及带菌动物是本病主要传染源，当家畜检测为布病阳性，说明该动物体内存在布鲁氏菌，阳性动物或患病动物可以通过乳汁、消化道、皮肤、生殖道、空气传播布鲁氏菌。

布鲁氏菌为细胞内寄生菌，应用药物治疗效果不好。由于该菌可以感染人和其他动物，我国将布病纳入强制免疫病种和强制扑杀病种，所以布病阳性动物不允许治疗，而是采取扑杀进行无害化处理，目的是最大限度地保护其他动物和人不被感染。

注：慢性传染病病程发展缓慢，临床症状不典型或反复发作，动物体内长期存在布鲁氏菌，当动物身体状况下降时，慢性也可以转化为急性发作。

7. 奶牛得了布病怎么“治疗”？

答：不允许治疗。按照《乳用动物健康标准》要求，每头奶牛每年需要进行2次布病检测，检测为阳性的，应按照农业部制定的《布鲁氏菌病防治技术规范》对同群的所有奶牛进行无害化处理，同时饲养员包括与病牛和牛乳接触过的人都必须检测布病。

8. 布病职业人群包括哪些？

答：从事接触布鲁氏菌的相关职业，如牛羊养殖、兽医、畜牧、屠宰、畜产品加工（乳、肉、皮毛）、疫苗和诊断制品生产、研究、应用及从事布鲁氏菌病防治的工作人员都属于布病职业人群。

9. 奶牛检测为结核阳性，该怎么办？

答：按照《牛结核病防治技术规范》要求，应对阳性动物进行扑杀和无害化处理；隔离阳性场/群，定期进行跟踪检测。

10. 奶牛得了口蹄疫怎么“治疗”？

答：不允许治疗。根据农业部第1246号公告，依照《动物防疫法》《重大动物疫情应急条例》《兽药管理条例》以及一类动物疫病防治技术规范规定，发生口蹄疫、高致病性禽流感等陆生动物疫病时，应当采取封锁、隔离、扑杀、销毁、消毒、无害化处理、紧急免疫接种等强制性措施，不得对发病动物采取治疗措施。兽药产品的质量标准、规程、标签和说明书不得标注对一类动物疫病具有治疗的功效。

口蹄疫

口蹄疫是由口蹄疫病毒引起的一种急性、热性、高度接触性人兽共患传染病。主要危害牛、羊、猪等偶蹄动物。临床特征是发热、口腔黏膜、四肢下端及乳房等处形成水泡或烂斑。

虽然动物感染口蹄疫病，大多数情况下是呈显良性经过。但是口蹄疫病毒可以感染多种动物，动物发病率高，传播迅速，患病动物的分泌物、排泄物、渗出物、口水、乳汁、污染的空气、饲草、水、垫料、土壤等均含有大量病毒，一旦发病，可以随动物的运输、风势迅速蔓延，往往从一个地区或一个国家传到另一个地区或另一个国家，出现流行甚至是大流行，造成巨大的经济损失。

我国将口蹄疫纳入强制免疫病种和强制扑杀病种，所以口蹄疫阳性动物不允许治疗，而是采取扑杀进行无害化处理，目的是最大限度地保护其他动物和人不被感染。因此，口蹄疫是不允许治疗的。

注：良性经过是指不会引起大批死亡。

▶11. 羊得了小反刍兽疫怎么“治疗”？

答：不允许治疗。养殖户发现疑似小反刍兽疫患病动物后，应立即隔离疑似患病动物，限制其移动，加强消毒，并立即向当地兽医主管部门或动物疫病预防控制机构报告。一旦发现病羊或病原学阳性，必须严格按国家规范要求，采取封锁、隔离、扑杀、销毁、消毒、无害化处理、紧急免疫接种等强制性措施，不得对发病动物采取治疗措施，坚决彻底进行扑杀和无害化处理。

▶12. 动物强制性扑杀后，可以获得补助吗？

答：可以。目前纳入中央财政补助范围的强制扑杀疫病种类包括非洲猪瘟、口蹄疫、高致病性禽流感、小反刍兽疫、布病、结核病、包虫病、马鼻疽和马传贫。补助平均测算标准为禽15元/羽，猪800元/头（因非洲猪瘟扑杀生猪补助标准为1200元/头），奶牛6000元/头，肉牛3000元/头，羊500元/只，马1.2万元/匹，其他畜禽补助测算标准参照执行。具体以所在地细化补助测算标准为准。

▶13. 养蜂者发现蜂群患有列入检疫对象的蜂病时，应该怎么做？

答：《养蜂管理办法（试行）》第二十条规定，养蜂者发现蜂群患有列入检疫对象的蜂病时，应当依法向所在地兽医主管部门、动物卫生监督机构或者动物疫病预防控制机构报告，并就地隔离防治，避免疫情扩散。

未经治愈的蜂群，禁止转地、出售和生产蜂产品。

第五章　畜禽疾病诊疗注意事项

1. 疾病和疫病一样吗？

答：不一样，疾病包括疫病（传染病+寄生虫病）、外科病、内科病、产科病、营养代谢病、中毒病等。

2. 动物生病了，可以自己买药治疗吗？

答：不建议养殖户自己治疗。应按照动物防疫员或兽医的要求买药，实现科学、安全使用兽药。

3. 可以把人用的药给动物用吗？

答：《兽药管理条例》第四十一条第四款明确规定，禁止将人用药品用于动物。

4. 动物生病了，养殖户应该怎么做？

答：动物患病后，养殖户要做好以下工作：

（1）首先应把患病动物与其他健康动物分开，有条件的最好采取隔离措施；

（2）联系村级动物防疫人员前来诊断和治疗，向他们如实提供相关信息，比如是否更换过饲料，是否用过药，是否怀孕，近期是否注射过疫苗；

（3）每一次治疗，养殖户都应该如实记录使用药品名称及生产厂家、用药剂量、用药次数；

（4）注意处理好患病动物的排泄物、垫料、污染过的饲草料；

（5）接触患病动物后，注意换鞋、洗手；

（6）给患病动物周围环境消毒。

5. 给猫、狗看病要注意什么?

答：（1）应到正规的动物诊疗机构诊治。正规的动物诊疗机构是指具有《诊疗许可证》和《营业执照》的固定机构，在经营场所醒目的位置必须出示从业人员的执业兽医资格证书。如果要给猫和狗做绝育手术、剖腹产手术、取肠道或腹腔异物手术，必须到营业执照上有“动物医院”字样的动物诊疗机构诊治，这样的动物诊疗机构具备国家规定的手术条件。而营业执照上有“动物门诊”或“动物诊所”字样的动物诊疗机构不具备国家规定的法定做手术条件。

（2）保存好处方笺。保存好执业兽医师开具的处方笺，为维护个人的正当权益留存法律依据。

（3）个人防护。给动物拍X片时，需要主人协助保定动物时，主人应该穿着防辐射服装（铅手套、铅围裙、铅围脖、铅眼镜）。谨记：放射危害可以终身蓄积。

6. 出现诊疗纠纷怎么办?

答：首先准备诊疗记录、处方，然后向诊疗机构主管部门或诊疗兽医上级主管部门申诉，通常向县级或县级以上农业农村部畜牧兽医主管部门申诉。

第六章 使用兽药和疫苗

第一节 使用兽药

1. 兽药是怎么分类的?

答: 按照来源和用途，兽药分为生物制品类（血清制品、疫苗、微生态制品等），中药类（中药材、中成药），化学药品类（化学药品、抗生素、生化药品、放射性药品），外用杀虫剂和消毒剂。

2. 什么是兽用处方药?

答: 我国实行兽用处方药和兽用非处方药管理制度，所有兽药外包装和说明书必须标注“兽用处方药”或者“兽用非处方药”字样。兽用处方药是指凭兽医处方才可以购买和使用的兽药。目前，我国兽用处方药品种目录共包括268种药品。

3. 什么是兽用非处方药?

答: 兽用非处方药是指由国务院兽医行政管理部门公布的、不需要兽医处方就可以自行购买的兽药。注意，使用兽用非处方药应按照兽药标签和说明书正确使用，防止超剂量、超范围使用带来的安全风险。

4. 什么是兽用抗菌药?

答：抗菌药是指能抑制或杀灭细菌，用于预防和治疗细菌性感染的药物。

5. 休药期是什么意思?

答：休药期是指最后一次给动物使用兽药到这个动物允许屠宰或它的奶、蛋允许到市场销售的时间。例如，盐酸土霉素说明书上要求鸡的休药期为5日。如果1月2日是最后一次给鸡使用盐酸土霉素，鸡必须完成5天休药期，到1月7日以后鸡才可以屠宰供人们食用。盐酸土霉素在鸡体内经过5天的代谢，药物残留减少，人食用才是安全的。

6. 耐药性是什么意思?

答：耐药性是指细菌等微生物对抗抗菌药物的敏感性降低，而出现耐受性，又称为抗药性。通俗来说就是，以前某药物对抗某细菌非常有效，给动物使用后病治好了；如果现在这种药物给动物使用后病情没有好转，那么说明现在这种细菌对这种药物产生了耐药性，这种药物对抗这种细菌没有作用了。

7. 兽药残留是什么意思?

答：兽药残留是指供人们食用的动物在使用兽药后，动物的内脏、肌肉、乳汁、蛋内经检测有兽药蓄积或存留。

8. 兽用抗菌药使用原则是什么?

答：正确诊断；在兽医指导下使用；合理给药；首次用药

剂量不要超过规定剂量的上限；严重感染注射给药，一般感染口服给药；密切注意用药效果和不良反应；严格遵守药物休药期的规定；细菌性疫苗接种前后数天内，不要使用抗菌药物；不要长时间固定使用某一类或某几种药物，要有计划轮换使用不同的抗菌药，防止产生耐药性。

9. 兽用抗菌药安全使用坚持的“四不原则”是什么?

答：不随意购买抗菌药物；不自己选择抗菌药物；不随意使用抗菌药物；不随意停药，按时按量投药。

10. 怎样读懂兽用抗菌药的标签说明书?

答：要阅读“兽药标签和说明书”的主要内容，关注适应症、用法、用量、休药期、禁忌、不良反应、注意事项；要查看兽药有效期，超过有效期限不能使用；要注意兽药保存条件。

11. 长期使用抗菌药的危害有哪些?

答：（1）导致细菌产生耐药性；

（2）敏感菌得到控制，耐药菌控制不住大量繁殖，产生新的感染细菌，造成二重感染；

（3）损伤动物免疫器官，使畜禽机体免疫力下降；

（4）引起畜禽肝肾功能损伤；

（5）抑制或杀灭正常菌群，影响肠道运动和对营养物质的吸收；

（6）畜禽肉、蛋、奶中有药物残留；

（7）残留抗生素和耐药菌株，通过食物链转移给人类，危害人类健康。

12. 禁止使用的抗菌药物有哪些?

答: 禁止使用氯霉素、硝基呋喃、硫酸黏菌素、硝基咪唑。

禁止恩诺沙星片（可溶性粉)、盐酸（乳酸）环丙沙星可溶性粉、甲磺酸达氟沙星粉、阿莫西林溶性粉在蛋鸡产蛋期使用。

13. 什么是兽用疫苗?

答: 用于动物疫病预防控制的兽用生物制品。

14. 如何识别假劣兽药?

答: (1) 真品兽药外包装、标签及说明书上应当有“®”——商标注册标记或M标识；真品兽药外包装、标签、说明书上必须有“兽用处方药”或“兽用非处方药”字样；真品兽药（我国自己成产、我国规范进口的所有兽药）都附有二维码标识、主要成分、适应症、作用用途、用法用量、含量/包装规格、批准文号或进口兽药登记许可证号、生产日期、生产批号、有效期、休药期、贮藏方法、包装数量、生产企业名称、地址等内容。

(2) 真品兽药都附有二维码标识，可通过“国家兽药综合查询”手机客户端（APP）扫描查询；产品批准文号可以到中国兽药信息网基础数据库查询，也可以到“国家兽药综合查询”手机客户端（APP）查询。如果查询信息与外包装信息不一致，那么可以认为是假兽药。

▶15. 什么是兽药批准文号?

答：我国生产的每一种兽药产品都应印有规范且唯一的产品批准文号，进口兽药必须有登记许可证号。

批准文号格式：兽药类别简称（兽药字/兽药生字/兽药原字/兽药临字）+企业所在地序号（2位数字）+企业序号（3位数字）+兽药品种编号（4位数字）。

▶16. 什么是食品动物中禁止使用的药品和化合物清单?

答：为规范养殖用药行为，保障动物源性食品安全，保护人民身体健康，根据《兽药管理条例》规定，农业农村部制定了禁用清单。

实行禁用清单制度是世界各国的通行做法，这既是规范养殖环节用药行为的需要，更是维护动物源性食品安全和公共卫生安全的需要。某些药物和化合物，如克伦特罗、己烯雌酚、丙酸睾酮，在动物养殖中使用虽可促进动物生长、提高瘦肉率、提高饲料报酬等，但有确切资料证实，这些药物存在致癌性、遗传毒性或者能引起人体机能紊乱，对人体健康危害很大，应列入禁用清单。

▶17. 食品动物中禁止使用的药品，与蛋鸡产蛋期禁用、乳畜泌乳期禁用、停止使用的药物是一回事吗?

答：食品动物中禁止使用的药品，与蛋鸡产蛋期禁用、乳畜泌乳期禁用、停止使用的药物不是一回事，不能简单划等号。

蛋鸡产蛋期禁用和乳畜泌乳期禁用的药物，一般都有明确的每日允许摄入量和其他动物、组织的残留限量标准，与禁用清单品种有本质区别。规定某些产蛋期禁用或泌乳期禁用的主要原因，一是药物研发时缺乏相关研究数据，二是产蛋期间或泌乳期间较难执行休药期。临床上使用蛋鸡产蛋期或乳畜泌乳期禁用的药物，或在鸡蛋、牛奶中检出相关药物的残留，属于养殖环节超范围、不规范用药范畴。

洛美沙星等农业农村部已明确要求停止使用的药物，在公共卫生安全方面有潜在的风险隐患，不符合禁用清单遴选原则，但为了更好地维护公共卫生安全，农业农村部不再允许这些药物用于养殖生产，与禁用清单品种不同。临床上使用这些药物，或在动物产品中检出这些药物的残留，应属养殖环节超范围、不规范用药范畴。

18. 养蜂者在使用兽药方面有什么规定?

答：《养蜂管理办法（试行）》第二十一条规定，养蜂者应当按照国家相关规定，正确使用兽药，严格控制使用剂量，执行休药期制度。

19. 从事水产养殖在使用兽药方面有什么法律规定?

答：《渔业法》第二十条明确规定，从事养殖生产应当保护水域生态环境，科学确定养殖密度，合理投饵、施肥、使用药物，不得造成水域的环境污染。

20. 养鱼的养殖户违反兽药使用有关规定应承担什么法律责任?

答：《新疆维吾尔自治区实施〈中华人民共和国渔业法〉

办法》第二十二条规定，未按照国家有关兽药安全使用兽药的，未建立用药记录或记录不完整真实的，或者使用假、劣兽药及国家规定禁止使用的药品、其他化合物和生物制剂的，或者将人用药品用于动物的，责令其立即改正，并对饲喂了违禁药品及其他化合物的动物及其产品进行无害化处理，对违法单位或个人处1万元以上3万元以下罚款；给他人造成损失的，依法承担赔偿责任。

第二节　使用疫苗

1. 兽用生物制品是怎么分类的?

答：兽用生物制品分为国家强制免疫计划所需兽用生物制品和非国家强制免疫计划所需兽用生物制品。

2. 兽用疫苗接种的基本原则是什么?

答：（1）正确选择疫苗。

（2）受过培训的村级动物防疫员进行接种。

（3）严格执行免疫程序。

（4）正确掌握疫苗接种禁忌。

（5）认真检查使用疫苗。

3. 兽用疫苗接种的方法有哪些?

答：皮下注射，肌肉注射，饮水，气雾法，刺种法，滴鼻、点眼，黏膜涂擦。注意每种疫苗的接种方式有所不同，饲养动物的单位和个人应当严格按照疫苗说明书要求的方法接种疫苗。

4. 兽用疫苗接种的注意事项有哪些?

答:(1)免疫接种前的2天和接种以后的2天,禁止对畜舍消毒,禁止给动物投服抗菌类和抗病毒类药物。

(2)严禁用热水、温水及含氯消毒剂的水(自来水)稀释疫苗。

(3)注射过程应严格消毒。马、牛、羊、猪等动物一畜换一个针头;鸡、鸽、鸭、鹅一笼或一户换一次针头,但最多不超过100只。

(4)疫苗要充分摇匀稀释,放在阴凉的地方,随时用随时溶解,2小时内用完。

(5)严格按照说明书推荐剂量使用,接种剂量要准确,不要过量,也不要减量。

(6)做好使用登记。包括疫苗名称、批号、注射地点、日期、畜禽数量、牲畜耳标号。

5. 兽用疫苗接种后的注意事项有哪些?

答:(1)疫苗接种后,一般需要5~7天(油苗需10~15天)方能产生抗体,在此期间,应严格控制环境卫生,以免造成尚未完全产生免疫力之前的强毒感染,而致使免疫失败。

(2)部分疫苗接种后,可能引起过敏反应,应仔细观察1~2天。发生严重过敏时,应立即用肾上腺素等药物脱敏(1次性肌肉或皮下注射0.1%的肾上腺素0.1~0.3毫克),以免导致死亡。

（3）接种后的剩余药物及疫苗瓶等废弃物，应收集后进行焚烧或深埋等无害化处理，不可随意丢弃或随意放置。

（4）疫苗接种工作结束后，接触人员应立即用清水洗手并消毒。

6. 影响兽用疫苗免疫效果的因素（原因）有哪些?

答：主要包括疫苗（疫苗选择不当、疫苗贮藏不当、疫苗使用不当、毒/菌株产生变异），免疫程序（同时接种2种或2种以上疫苗，一般重复免疫时间间隔不得少于14天），动物自身因素（遗传、疫病），营养因素（维生素、氨基酸、微量元素缺乏，饲料质量），管理与环境因素（畜舍的温度、湿度，饲养密度，有害气体，运输，转圈，饲料更换等）。

7. 养殖场（户）兽药使用记录的内容有哪些?

答：2022年3月11日，农业农村部畜牧兽医局组织制定了畜禽养殖场（户）兽药使用记录样式，内容包括养殖场（户）名称、畜禽品种、使用日期、兽药通用名称、产品批准文号、产品批号、群体用药/个体用药使用方法、使用总量（毫升或克）、休药期、停药日期。

第七章　购买、配制、使用饲料

第一节　饲料相关法规

▶1. 与饲料有关的法规有哪些?

答：主要有《饲料和饲料添加剂管理条例》、《饲料质量安全管理规范》（中华人民共和国农业部令第2014年第1号）、《宠物饲料管理办法》、《宠物饲料标签规定》、《饲料标签》（GB 10648—2013），《禁止在饲料和动物饮用水中使用的药物品种目录》（2002年2月9日，中华人民共和国农业部公告第176号）、《饲料添加剂安全使用规范》（2017年12月15日农业部公告第2625号）、《药物饲料添加剂退出和管理政策调整公告》（2019年7月9日农业农村部公告第194号）、《养殖者自行配制饲料有关规定》（2020年6月12日农业农村部公告第307号）。

▶2. 饲料标签包含哪些信息?

答：饲料标签包含饲料产品的成分、质量、标准等关键信息，具有介绍产品、指导养殖者购买使用的作用。饲料有效成分与饲料质量直接相关，我国饲料管理法规明确要求饲料有效成分实际含量应当与标签标注含量相符。

3. 不符合国家规定的饲料标签主要存在什么问题?

答： 饲料标签存在的主要问题有：无标签，饲料名称不规范，加入药物的饲料添加剂产品标签未标明“含有药物饲料添加剂”等。

4. 为什么要专门针对养殖者出台自行配制饲料的有关规定?

答： 我国养殖业饲料有40%为养殖者自行配制。《饲料和饲料添加剂管理条例》第二十五条规定，养殖者使用自行配制的饲料的，应当遵守国务院农业行政主管部门制定的自行配制饲料使用规范，并不得对外提供自行配制的饲料。

以规范养殖者自行配制饲料行为，保障动物产品质量安全。在调研总结近年来各地工作经验的基础上，农业农村部组织起草了养殖者自行配制饲料的有关规定，经两次公开征求意见后向社会公布，2020年8月1日实施。

5.《养殖者自行配制饲料有关规定》包括哪些内容?

答： 包括九条内容，主要对养殖者生产自配料时的原料、添加剂和兽药等使用提出明确要求。规定正式实施后，养殖者生产自配料将有更明确的遵循，在禁止性和限制性要求方面与商品饲料一致，这将更有利于维护饲料生产使用秩序，保障养殖产品质量安全。

中华人民共和国农业农村部公告第307号规定如下。

一、养殖者自行配制饲料的，应当利用自有设施设备，供自有养殖动物使用。

二、养殖者自行配制的饲料（以下简称“自配料”）不得对外提供；不得以代加工、租赁设施设备以及其他任何方式对外提供配制服务。

三、养殖者应当遵守我部公布的有关饲料原料和饲料添加剂的限制性使用规定，除当地有传统使用习惯的天然植物原料（不包括药用植物）及农副产品外，不得使用我部公布的《饲料原料目录》《饲料添加剂品种目录》以外的物质自行配制饲料。

四、养殖者应当遵守我部公布的《饲料添加剂安全使用规范》有关规定，不得在自配料中超出适用动物范围和最高限量使用饲料添加剂。严禁在自配料中添加禁用药物、禁用物质及其他有毒有害物质。

五、自配料使用的单一饲料、饲料添加剂、混合型饲料添加剂、添加剂预混合饲料和浓缩饲料应为合法饲料生产企业的合格产品，并按其产品使用说明和注意事项使用。

六、养殖者在日常生产自配料时，不得添加我部允许在商品饲料中使用的抗球虫和中药类药物以外的兽药。因养殖动物发生疾病，需要通过混饲给药方式使用兽药进行治疗的，要严格按照兽药使用规定及法定兽药质量标准、标签和说明书购买使用，兽用处方药必须凭执业兽医处方购买使用。含有兽药的自配料要单独存放并加标识，要建立用药记录制度，严格执行休药期制度，接受县级以上畜牧兽医主管部门监管。

七、自配料原料、半成品、成品等应当与农药、化肥、化工有毒产品以及有可能危害饲料产品安全与养殖动物健康的其他物质分开存放，并采取有效措施避免交叉污染。

八、反刍动物自配料的生产设施设备不得与其他动物自配料生产设施设备共用。反刍动物自配料不得添加乳和乳制品以外的动物源性成分。

九、养殖者违反本规定的，由县级以上饲料主管部门依照《饲料和饲料添加剂管理条例》《兽药管理条例》《国务院关于加强食品等产品安全监督管理的特别规定》等予以处罚。涉嫌犯罪的，移送司法机关依法追究刑事责任。

第二节　配制和使用饲料

1. 规定所指的自配料范围如何界定？是不是养殖者生产的就是自配料？

答：确定什么是自配料，必须准确把握两个方面。一是生产主体应该是养殖者。无论是企业、合作社，还是养殖场、养殖户，只要从事动物养殖，都属于养殖者，自身没有养殖动物的，都不在主体范围之内。二是生产的饲料应该全部用于饲喂自有养殖动物，向其他单位或个人提供全部或部分饲料产品的，或者提供代加工服务的，不属于自配料范畴。总之，界定自配料范围的核心是“自产自用”，通俗讲就是自配料及其饲喂的动物应该属于同一个法人或自然人。凡是不符合上述原则的，都应该按商品饲料管理，取得相应生产许可证明文件后，方可开展生产经营活动。

2. 养殖者在自配料中添加兽药应当注意什么？

答：《养殖者自行配制饲料有关规定》第六条明确规定，

养殖者在日常生产自配料时，不得添加农业农村部允许在商品饲料中使用的抗球虫和中药类药物以外的兽药。因养殖动物发生疾病，需要通过混饲给药方式使用兽药进行治疗的，要严格按照兽药使用规定及法定兽药质量标准、标签和说明书购买使用，兽用处方药必须凭执业兽医处方购买使用。含有兽药的自配料要单独存放并加标识，要建立用药记录制度，严格执行休药期制度，接受县级以上畜牧兽医主管部门监管。

在这方面，《兽药管理条例》有明确要求，《养殖者自行配制饲料有关规定》也做了具体阐述。

▶3. 在养殖者自行配制饲料过程中，如何确定哪些饲料原料和添加剂是可以用的?

答：在原料方面，《养殖者自行配制饲料有关规定》第三条明确规定，除当地有传统使用习惯的天然植物原料（不包括药用植物）及农副产品外，自配料不得使用农业农村部公布的《饲料原料目录》以外的物质。在添加剂方面，自配料不得使用《饲料添加剂品种目录》以外的物质。养殖者在使用饲料添加剂时，应当依据农业农村部公布的《饲料添加剂安全使用规范》要求，严格按照适用动物范围和最高限量使用。养殖者购买使用单一饲料、饲料添加剂、混合型饲料添加剂、添加剂预混合饲料和浓缩饲料等产品时，应当注意核查相关产品的标签、合格证、使用说明和注意事项等信息，不得购买无有效生产许可证和合格证的产品。

▶4. 禁止在饲料和动物饮用水中使用的药物品种包括哪几类?

答：（1）肾上腺素受体激动剂（俗称“瘦肉精”）。

（2）性激素。如雌激素类药、促性腺激素类药。

（3）蛋白同化激素（碘化酪蛋白、苯丙酸诺龙及苯丙酸诺龙注射液）。

（4）精神药品。如用于强化麻醉及使动物安静的药物、抗组胺药、镇静药、抗惊厥药、催眠药、抗高血压药和麻醉药。

（5）抗生素滤渣。该类物质是抗生素类产品生产过程中产生的工业三废，因含有微量抗生素成分，在饲料和饲养过程中使用后对动物有一定的促生长作用。但对养殖业的危害很大，一是容易引起耐药性，二是由于未做安全性试验，存在各种安全隐患。

5. 饲料、饲料添加剂经营者应当符合什么条件?

答：《饲料和饲料添加剂管理条例》第二十二条明确规定，饲料、饲料添加剂经营者应当符合下列条件：

（一）有与经营饲料、饲料添加剂相适应的经营场所和仓储设施；

（二）有具备饲料、饲料添加剂使用、贮存等知识的技术人员；

（三）有必要的产品质量管理和安全管理制度。

6. 从事水产养殖在饵料、饲料使用方面有什么法律规定?

答：《渔业法》第十九条明确规定，从事养殖生产不得使用含有毒有害物质的饵料、饲料。

第三节　法律责任

1. 养殖者使用无产品标签、无生产许可证、无产品质量标准、无产品质量检验合格证的饲料、饲料添加剂的应承担什么法律责任?

答:《饲料和饲料添加剂管理条例》第四十七条明确规定,由县级人民政府饲料管理部门没收违法使用的产品和非法添加物质,对单位处1万元以上5万元以下罚款,对个人处5000元以下罚款;构成犯罪的,依法追究刑事责任。

2. 养殖者使用无产品批准文号的饲料添加剂、添加剂预混合饲料的应承担什么法律责任?

答:《饲料和饲料添加剂管理条例》第四十七条明确规定,由县级人民政府饲料管理部门没收违法使用的产品和非法添加物质,对单位处1万元以上5万元以下罚款,对个人处5000元以下罚款;构成犯罪的,依法追究刑事责任。

3. 在饲料或者动物饮用水中添加饲料添加剂,不遵守国务院农业农村行政主管部门制定的饲料添加剂安全使用规范的,应承担什么法律责任?

答:《饲料和饲料添加剂管理条例》第四十七条明确规定,由县级人民政府饲料管理部门没收违法使用的产品和非法添加物质,对单位处1万元以上5万元以下罚款,对个人处5000元以下罚款；构成犯罪的，依法追究刑事责任。

4. 养殖者使用自行配制的饲料，不遵守国务院农业农村行政主管部门制定的自行配制饲料使用规范的，应承担什么法律责任?

答：《饲料和饲料添加剂管理条例》第四十七条明确规定，由县级人民政府饲料管理部门没收违法使用的产品和非法添加物质，对单位处1万元以上5万元以下罚款，对个人处5000元以下罚款；构成犯罪的，依法追究刑事责任。

5. 养殖者在反刍动物饲料中添加乳和乳制品以外的动物源性成分的，应承担什么法律责任?

答：《饲料和饲料添加剂管理条例》第四十七条明确规定，由县级人民政府饲料管理部门没收违法使用的产品和非法添加物质，对单位处1万元以上5万元以下罚款，对个人处5000元以下罚款；构成犯罪的，依法追究刑事责任。

6. 养殖者使用限制使用的物质养殖动物，不遵守国务院农业农村行政主管部门的限制性规定的，应承担什么法律责任?

答：《饲料和饲料添加剂管理条例》第四十七条明确规定，由县级人民政府饲料管理部门没收违法使用的产品和非法添加物质，对单位处1万元以上5万元以下罚款，对个人处5000元以下罚款；构成犯罪的，依法追究刑事责任。

▶7. 在饲料或者动物饮用水中添加国务院农业行政主管部门公布禁用的物质及对人体具有直接或者潜在危害的其他物质，或者直接使用上述物质养殖动物的，应承担什么法律责任?

答：《饲料和饲料添加剂管理条例》第四十七条明确规定，由县级以上地方人民政府饲料管理部门责令其对饲喂了违禁物质的动物进行无害化处理，处3万元以上10万元以下罚款；构成犯罪的，依法追究刑事责任。

▶8. 养殖者对外提供自行配制的饲料的，应承担什么法律责任?

答：《饲料和饲料添加剂管理条例》第四十八条明确规定，养殖者对外提供自行配制的饲料的，由县级人民政府饲料管理部门责令改正，处2000元以上2万元以下罚款。

▶9. 养猪场（户）因使用餐厨废弃物喂猪引发疫情或造成疫情扩散的，有什么后果?

答：养猪场（户）因使用餐厨废弃物喂猪引发疫情或造成疫情扩散的，不给予强制扑杀补助，并追究法律责任。

▶10. 经营饲料过程中，以非饲料、非饲料添加剂冒充饲料、饲料添加剂或者以此种饲料、饲料添加剂冒充他种饲料、饲料添加剂的，应承担什么法律责任?

答：《饲料和饲料添加剂管理条例》第四十六条明确规定，由县级以上地方人民政府饲料管理部门责令停止生产、经营，没收违法所得和违法生产、经营的产品，违法生产、经营的产品货值金额不足1万元的，并处2000元以上2万元以下罚款，货值金额1万元以上的，并处货值金额2倍以上5倍以下罚款；构成犯罪的，依法追究刑事责任。情节严重的，通知工商行政管理部门，由工商行政管理部门吊销营业执照。

11. 经营无产品质量标准或者不符合产品质量标准的饲料、饲料添加剂的，应承担什么法律责任?

答：《饲料和饲料添加剂管理条例》第四十六条明确规定，由县级以上地方人民政府饲料管理部门责令停止生产、经营，没收违法所得和违法生产、经营的产品，违法生产、经营的产品货值金额不足1万元的，并处2000元以上2万元以下罚款，货值金额1万元以上的，并处货值金额2倍以上5倍以下罚款；构成犯罪的，依法追究刑事责任。情节严重的，通知工商行政管理部门，由工商行政管理部门吊销营业执照。

12. 经营的饲料、饲料添加剂与标签标示的内容不一致的，应承担什么法律责任?

答：《饲料和饲料添加剂管理条例》第四十六条明确规定，由县级以上地方人民政府饲料管理部门责令停止经营，没收违法所得和违法生产、经营的产品，违法生产、经营的产品货值金额不足1万元的，并处2000元以上2万元以下罚款，货值金额1万元以上的，并处货值金额2倍以上5倍以下罚款；构成犯罪的，依法追究刑事责任。情节严重的，通知工商行政管理部门，由工商行政管理部门吊销营业执照。

13. 经营的饲料、饲料添加剂失效、霉变或者超过保质期的，应承担什么法律责任?

答：《饲料和饲料添加剂管理条例》第四十四条明确规定，由县级人民政府饲料管理部门责令改正，没收违法所得和违法经营的产品，并处2000元以上1万元以下罚款。

14. 经营者对饲料、饲料添加剂进行拆包、分装的，应承担什么法律责任?

答：《饲料和饲料添加剂管理条例》第四十四条明确规定，由县级人民政府饲料管理部门责令改正，没收违法所得和违法经营的产品，并处2000元以上1万元以下罚款。

15. 经营者未依照《饲料和饲料添加剂管理条例》规定实行产品购销台账制度的，应承担什么法律责任?

答：《饲料和饲料添加剂管理条例》第四十四条明确规定，由县级人民政府饲料管理部门责令改正，没收违法所得和违法经营的产品，并处2000元以上1万元以下罚款。

16. 经营无产品标签、无生产许可证、无产品质量检验合格证的饲料、饲料添加剂的，应承担什么法律责任?

答：《饲料和饲料添加剂管理条例》第四十三条明确规定，由县级人民政府饲料管理部门责令改正，没收违法所得和违法经营的产品，违法经营的产品货值金额不足1万元的，并处2000元以上2万元以下罚款，货值金额1万元以上的，并处货值金额2倍以上5倍以下罚款；情节严重的，责令停止经营，并通知工商行政管理部门，由工商行政管理部门吊销营业执照；构成犯罪的，依法追究刑事责任。

17. 经营者对饲料、饲料添加剂进行再加工或者添加物质的，应承担什么法律责任?

答：《饲料和饲料添加剂管理条例》第四十三条明确规定，由县级人民政府饲料管理部门责令改正，没收违法所得和违法经营的产品，违法经营的产品货值金额不足1万元的，并处2000元以上2万元以下罚款，货值金额1万元以上的，并处货值金额2倍以上5倍以下罚款；情节严重的，责令停止经营，并通知工商行政管理部门，由工商行政管理部门吊销营业执照；构成犯罪的，依法追究刑事责任。

18. 经营用国务院农业农村部行政主管部门公布的饲料原料目录、饲料添加剂品种目录和药物饲料添加剂品种目录以外的物质生产的饲料的，应承担什么法律责任?

答：《饲料和饲料添加剂管理条例》第四十三条明确规定，由县级人民政府饲料管理部门责令改正，没收违法所得和违法经营的产品，违法经营的产品货值金额不足1万元的，并处2000元以上2万元以下罚款，货值金额1万元以上的，并处货值金额2倍以上5倍以下罚款；情节严重的，责令停止经营，并通知工商行政管理部门，由工商行政管理部门吊销营业执照；构成犯罪的，依法追究刑事责任。

19. 经营未取得新饲料、新饲料添加剂证书的新饲料、新饲料添加剂或者未取得饲料、饲料添加剂进口登记证的进口饲料、进口饲料添加剂以及禁用的饲料、饲料添加剂的，应承担什么法律责任?

答：《饲料和饲料添加剂管理条例》第四十三条明确规定，由县级人民政府饲料管理部门责令改正，没收违法所得和违法经营的产品，违法经营的产品货值金额不足1万元的，并处2000元以上2万元以下罚款，货值金额1万元以上的，并处货值金额2倍以上5倍以下罚款；情节严重的，责令停止经营，并通知工商行政管理部门，由工商行政管理部门吊销营业执照；构成犯罪的，依法追究刑事责任。

20. 养殖户使用无产品质量标准、无生产许可证的饲料、饲料添加剂喂鱼的，应承担什么法律责任?

答：《新疆维吾尔自治区实施〈中华人民共和国渔业法〉办法》第二十二条明确规定，违反本办法第十一条规定，使用无产品质量标准、无生产许可证的饲料、饲料添加剂的，未按照国家有关兽药安全使用兽药的，未建立用药记录或记录不完整真实的，或者使用假、劣兽药及国家规定禁止使用的药品、其他化合物和生物制剂的，或者将人用药品用于动物的，责令其立即改正，并对饲喂了违禁药品及其他化合物的动物及其产品进行无害化处理，对违法单位或个人处1万元以上3万元以下罚款；给他人造成损失的，依法承担赔偿责任。

第八章　动物检疫

▶ 1. 什么是动物检疫?

答：动物检疫包括动物和动物产品的检疫，是官方兽医依据农业农村部制定并公布的检疫规程，对动物及其产品进行的疫病检查。对可以或已证实的疫病对象施行强制隔离，或做出适当处理。目的是预防、控制、净化、消灭动物疫病，防控人畜共患传染病，保障公共卫生安全和人体健康。

▶ 2. 在什么情况下，动物及动物产品需要申报检疫?

答：《动物防疫法》第四十九条第一款规定，屠宰、出售或者运输动物以及出售或者运输动物产品前，货主应当按照国务院农业农村主管部门的规定向所在地动物卫生监督机构申报检疫。

▶ 3. 申报检疫的时间有哪些规定?

答：2022年9月7日农业农村部发布的《动物检疫管理办法》第八条规定，国家实行动物检疫申报制度。

出售或者运输动物、动物产品的，货主应当提前三天向所在地动物卫生监督机构申报检疫。

屠宰动物的，应当提前六小时向所在地动物卫生监督机构申报检疫；急宰动物的，可以随时申报。

该办法第九条规定，向无规定动物疫病区输入相关易感动物、易感动物产品的，货主除按本办法第八条规定向输出地动物卫生监督机构申报检疫外，还应当在启运三天前向输入地动物卫生监督机构申报检疫。输入易感动物的，向输入地隔离场所在地动物卫生监督机构申报；输入易感动物产品的，在输入地省级动物卫生监督机构指定的地点申报。

▶4. 什么是产地检疫?

答：动物或动物产品在离开产地前，产地在所在地县级动物卫生监督机构对动物或动物产品进行检疫称为产地检疫。2022年9月7日农业农村部发布的《动物检疫管理办法》第十八条规定，出售或者运输的动物、动物产品取得动物检疫证明后，方可离开产地。

▶5. 养殖场（户）出售或者运输畜禽前，应当由谁申报检疫?

答：2022年9月7日农业农村部发布的《动物检疫管理办法》第八条第二款规定，出售或者运输动物、动物产品的，货主应当提前三天向所在地动物卫生监督机构申报检疫。我们理解为即畜禽所有者应当向所在地动物卫生监督机构申报检疫。

▶6. 申报检疫的方式有哪些?

答：2022年9月7日农业农村部发布的《动物检疫管理办法》第十一条规定，申报检疫的，应当提交检疫申报单以及农业农村部规定的其他材料，并对申报材料的真实性负责。

申报检疫采取在申报点填报或者通过传真、电子数据交换等方式申报。

7. 动物、动物产品是随报随检吗?

答：不是。见本章第3问“申报检疫的时间有哪些规定?”。

8. 出售或者运输的动物，经检疫符合什么条件，官方兽医会出具动物检疫证明吗?

答：2022年9月7日农业农村部发布的《动物检疫管理办法》第十四条规定，出售或者运输的动物，经检疫符合下列条件的，出具动物检疫证明：

（一）来自非封锁区及未发生相关动物疫情的饲养场（户）；

（二）来自符合风险分级管理有关规定的饲养场（户）；

（三）申报材料符合检疫规程规定；

（四）畜禽标识符合规定；

（五）按照规定进行了强制免疫，并在有效保护期内；

（六）临床检查健康；

（七）需要进行实验室疫病检测的，检测结果合格。

出售、运输的种用动物精液、卵、胚胎、种蛋，经检疫其种用动物饲养场符合第一款第一项规定，申报材料符合第一款第三项规定，供体动物符合第一款第四项、第五项、第六项、第七项规定的，出具动物检疫证明。

出售、运输的生皮、原毛、绒、血液、角等产品，经检疫其饲养场（户）符合第一款第一项规定，申报材料符合第一款第三项规定，供体动物符合第一款第四项、第五项、第六项、第七项规定，且按规定消毒合格的，出具动物检疫证明。

▶9. 出售或者运输水生动物的亲本、稚体、幼体、受精卵、发眼卵及其他遗传育种材料等水产苗种的，经检疫符合什么条件，官方兽医会出具动物检疫证明?

答：新发布的《动物检疫管理办法》第十五条规定，出售或者运输水生动物的亲本、稚体、幼体、受精卵、发眼卵及其他遗传育种材料等水产苗种的，经检疫符合下列条件的，出具动物检疫证明：

（一）来自未发生相关水生动物疫情的苗种生产场；

（二）申报材料符合检疫规程规定；

（三）临床检查健康；

（四）需要进行实验室疫病检测的，检测结果合格。

水产苗种以外的其他水生动物及其产品不实施检疫。

▶10. 已经取得产地检疫证明的动物，从专门经营动物的集贸市场继续出售或者运输的，或者动物展览、演出、比赛后需要继续运输的，经检疫符合什么条件，官方兽医出具动物检疫合格证明?

答：2022年9月7日农业农村部发布的《动物检疫管理办法》第十六条规定，已经取得产地检疫证明的动物，从专门经营动物的集贸市场继续出售或者运输的，或者动物展示、演出、比赛后需要继续运输的，经检疫符合下列条件的，出具动物检疫证明：

（一）有原始动物检疫证明和完整的进出场记录；

（二）畜禽标识符合规定；

（三）临床检查健康；

（四）原始动物检疫证明超过调运有效期，按规定需要进行实验室疫病检测的，检测结果合格。

11. 出售或者运输的动物、动物产品应符合什么条件，才可离开产地?

答： 2022年9月7日农业农村部发布的《动物检疫管理办法》第十八条规定，出售或者运输的动物、动物产品取得动物检疫证明后，方可离开产地。

12. 检疫出证时，如果有监测报告是否还需要提供检测报告?

答： 检测报告与监测报告不同，因此，检疫出证时需提供相应的检测报告。

13. 出售或者运输羊驼前，需要申报检疫吗?

答： 需要。羊驼的产地检疫依照《反刍动物产地检疫规程》执行，检疫对象暂定为口蹄疫、布鲁氏菌病、结核病、炭疽、小反刍兽疫。

14. 蜂群自原驻地和最远蜜粉源地起运前需要申报检疫吗?

答： 需要。《养蜂管理办法（试行）》第十九条规定，蜂群自原驻地和最远蜜粉源地起运前，养蜂者应当提前3天向当地动物卫生监督机构申报检疫。经检疫合格的，方可起运。

15. 集中屠宰马、驴、骆驼、梅花鹿、马鹿、羊驼等动物需要申报屠宰检疫吗?

答： 需要。马、驴、骆驼、梅花鹿、马鹿、羊驼等的屠宰检疫，依照《畜禽屠宰卫生检疫规范》（NY 467—2001）执行。

16. 检疫标志包括哪些？

答：检疫标志包括验讫标志、验讫印章、验讫标签。

17. 牛、羊接种布鲁氏菌病疫苗后，多久可以申报检疫？

答：新疆属于布鲁氏菌病一类地区。一类地区免疫牛羊，在免疫45天后可以凭产地检疫证明在一类地区跨省流通。

18. 货主申报检疫后，遇到什么情形时，官方兽医不予受理检疫申报？

答：2022年9月7日农业农村部发布的《动物检疫管理办法》第十二条规定，动物卫生监督机构接到申报后，应当及时对申报材料进行审查。申报材料齐全的，予以受理；有下列情形之一的，不予受理，并说明理由：

（一）申报材料不齐全的，动物卫生监督机构当场或在三日内已经一次性告知申报人需要补正的内容，但申报人拒不补正的；

（二）申报的动物、动物产品不属于本行政区域的；

（三）申报的动物、动物产品不属于动物检疫范围的；

（四）农业农村部规定不应当检疫的动物、动物产品；

（五）法律法规规定的其他不予受理的情形。

19. 已经取得产地检疫证明的动物，从专门经营动物的集贸市场继续出售或调运的，还需要再次申报检疫吗？

答：需要。2022年9月7日农业农村部发布的《动物检疫管理办法》第十六条规定，已经取得产地检疫证明的动物，从专门经营动物的集贸市场继续出售或者运输的，或者动物展示、演出、比赛后需要继续运输的，经检疫符合下列条件的，出具动物检疫证明：

（一）有原始动物检疫证明和完整的进出场记录；

（二）畜禽标识符合规定；

（三）临床检查健康；

（四）原始动物检疫证明超过调运有效期，按规定需要进行实验室疫病检测的，检测结果合格。

20. 经检疫符合什么条件的，对动物的胴体及生皮、原毛、绒、脏器、血液、蹄、头、角出具动物检疫合格证明，加盖检疫验讫印章或者加施其他检疫标志?

答：2022年9月7日农业农村部发布的《动物检疫管理办法》第二十三条规定，经检疫符合下列条件的，对动物的胴体及生皮、原毛、绒、脏器、血液、蹄、头、角出具动物检疫证明，加盖检疫验讫印章或者加施其他检疫标志：

（一）申报材料符合检疫规程规定；

（二）待宰动物临床检查健康；

（三）同步检疫合格；

（四）需要进行实验室疫病检测的，检测结果合格。

21. 经检疫不合格的动物、动物产品应如何处理?

答：2022年9月7日农业农村部发布的《动物检疫管理办法》第四十条规定，经检疫不合格的动物、动物产品，由官方兽医出具检疫处理通知单，货主或者屠宰加工场所应当在农业农村主管部门的监督下按照国家有关规定处理。

动物卫生监督机构应当及时向同级农业农村主管部门报告检疫不合格情况。

22. 检疫时什么情形的动物和动物产品，按照依法应当检疫而未经检疫处理处罚?

答：2022年9月7日农业农村部发布的《动物检疫管理办法》第四十二条规定，有下列情形之一的，按照依法应当检疫而未经检疫处理处罚：

（一）动物种类、动物产品名称、畜禽标识号与动物检疫证明不符的；

（二）动物、动物产品数量超出动物检疫证明载明部分的；

（三）使用转让的动物检疫证明的。

23. 屠宰、经营、运输依法应当检疫而未经检疫的或者生产、经营、加工、贮藏、运输依法应当检疫而未经检疫的动物产品，应承担什么法律责任?

答：2022年9月7日农业农村部发布的《动物检疫管理办法》第四十三条规定，依法应当检疫而未经检疫的动物、动物产品，由县级以上地方人民政府农业农村主管部门依照《中华人民共和国动物防疫法》处理处罚，不具备补检条件的，予以收缴销毁；具备补检条件的，由动物卫生监督机构补检。

依法应当检疫而未经检疫的胴体、肉、脏器、脂、血液、精液、卵、胚胎、骨、蹄、头、筋、种蛋等动物产品，不予补检，予以收缴销毁。

《动物防疫法》第九十七条规定，违反本法第二十九条规定，屠宰、经营、运输动物或者生产、经营、加工、贮藏、运输动物产品的，由县级以上地方人民政府农业农村主管部门责令改正、采取补救措施，没收违法所得、动物和动物产品，并处同类检疫合格动物、动物产品货值金额十五倍以上三十倍以下罚款；同类检疫合格动物、动物产品货值金额不足一万元的，并处五万元以上十五万元以下罚款；其中依法应当检疫而未检疫的，依照本法第一百条的规定处罚。

前款规定的违法行为人及其法定代表人（负责人）、直接负责的主管人员和其他直接责任人员，自处罚决定作出之日起五年内不得从事相关活动；构成犯罪的，终身不得从事屠宰、经营、运输动物或者生产、经营、加工、贮藏、运输动物产品等相关活动。

24. 依法应当检疫而未经检疫的动物符合什么条件可以实施补检?

答：2022年9月7日农业农村部发布的《动物检疫管理办法》第四十四条规定，补检的动物具备下列条件的，补检合格，出具动物检疫证明：

（一）畜禽标识符合规定；

（二）检疫申报需要提供的材料齐全、符合要求；

（三）临床检查健康；

（四）不符合第一项或者第二项规定条件，货主于七日内提供检疫规程规定的实验室疫病检测报告，检测结果合格。

25. 补检的生皮、原毛、绒、角等动物产品应具备什么条件，补检合格，官方兽医出具动物检疫证明?

答：2022年9月7日农业农村部发布的《动物检疫管理办法

法》第四十五条规定，补检的生皮、原毛、绒、角等动物产品具备下列条件的，补检合格，出具动物检疫证明：

（一）经外观检查无腐烂变质；

（二）按照规定进行消毒；

（三）货主于七日内提供检疫规程规定的实验室疫病检测报告，检测结果合格。

26. 运输经检疫合格的动物有什么要求？

答：2022年9月7日农业农村部发布的《动物检疫管理办法》第四十六条规定，经检疫合格的动物应当按照动物检疫证明载明的目的地运输，并在规定时间内到达，运输途中发生疫情的应当按有关规定报告并处置。

跨省、自治区、直辖市通过道路运输动物的，应当经省级人民政府设立的指定通道入省境或者过省境。

饲养场（户）或者屠宰加工场所不得接收未附有有效动物检疫证明的动物。

27. 运输用于继续饲养或屠宰的畜禽到达目的地后，对货主或者承运人有什么要求？

答：2022年9月7日农业农村部发布的《动物检疫管理办法》第四十七条规定，运输用于继续饲养或屠宰的畜禽到达目的地后，货主或者承运人应当在三日内向启运地县级动物卫生监督机构报告；目的地饲养场（户）或者屠宰加工场所应当在接收畜禽后三日内向所在地县级动物卫生监督机构报告。

28. 申报动物检疫隐瞒有关情况或者提供虚假材料的，或者以欺骗、贿赂等不正当手段取得动物检疫证明的，应该承担什么法律责任？

答： 2022年9月7日农业农村部发布的《动物检疫管理办法》第四十八条规定，申报动物检疫隐瞒有关情况或者提供虚假材料的，或者以欺骗、贿赂等不正当手段取得动物检疫证明的，依照《中华人民共和国行政许可法》有关规定予以处罚。

《中华人民共和国行政许可法》第七十八条规定，行政许可申请人隐瞒有关情况或者提供虚假材料申请行政许可的，行政机关不予受理或者不予行政许可，并给予警告；行政许可申请属于直接关系公共安全、人身健康、生命财产安全事项的，申请人在一年内不得再次申请该行政许可。

《中华人民共和国行政许可法》第七十九条规定，被许可人以欺骗、贿赂等不正当手段取得行政许可的，行政机关应当依法给予行政处罚；取得的行政许可属于直接关系公共安全、人身健康、生命财产安全事项的，申请人在三年内不得再次申请该行政许可；构成犯罪的，依法追究刑事责任。

29. 货主或承运人运输用于继续饲养或者屠宰的畜禽到达目的地后，未向启运地动物卫生监督机构报告的，应该承担什么法律责任？

答： 2022年9月7日农业农村部发布的《动物检疫管理办法》第四十九条规定，由县级以上地方人民政府农业农村主管部门处一千元以上三千元以下罚款；情节严重的，处三千元以上三万元以下罚款。

▶30. 货主或承运人未按照动物检疫证明载明的目的地运输的，应承担什么法律责任?

答： 2022年9月7日农业农村部发布的《动物检疫管理办法》第四十九条规定，由县级以上地方人民政府农业农村主管部门处一千元以上三千元以下罚款；情节严重的，处三千元以上三万元以下罚款。

▶31. 货主或承运人无正当理由未按照动物检疫证明规定时间运达的，应承担什么法律责任?

答： 2022年9月7日农业农村部发布的《动物检疫管理办法》第四十九条规定，由县级以上地方人民政府农业农村主管部门处一千元以上三千元以下罚款；情节严重的，处三千元以上三万元以下罚款。

▶32. 货主或承运人实际运输的数量少于动物检疫证明载明数量且无正当理由的，应承担什么法律责任?

答： 2022年9月7日农业农村部发布的《动物检疫管理办法》第四十九条规定，由县级以上地方人民政府农业农村主管部门处一千元以上三千元以下罚款；情节严重的，处三千元以上三万元以下罚款。

第九章　宠物饲养与检疫

1. 什么是宠物?

答: 宠物指人们不是以经济为目的，而是以精神为目的而豢养的动物，一般指个人或家庭驯养的，供玩赏或陪伴的动物。常见的如猫、犬、兔、驴、马、鸟、观赏鱼类。

2. 养狗有什么法律规定?

答: 2021年5月1日起施行的《动物防疫法》第三十条第一款规定，单位和个人饲养犬只，应当按照规定定期免疫接种狂犬病疫苗，凭动物诊疗机构出具的免疫证明向所在地养犬登记机关申请登记。

《动物防疫法》第三十条第二款规定，携带犬只出户的，应当按照规定佩戴犬牌并采取系犬绳等措施，防止犬只伤人、疫病传播。

3. 对饲养的犬只未按照规定定期进行狂犬病免疫接种的，应承担什么法律责任?

答:《动物防疫法》第九十二条规定，对饲养的犬只未按照规定定期进行狂犬病免疫接种的，由县级以上地方人民政府农业农村主管部门责令限期改正，可以处一千元以下罚款；逾期不改正的，处一千元以上五千元以下罚款，由县级以上地方人民政府农业农村主管部门委托动物诊疗机构、无害化处理场所等代为处理，所需费用由违法行为人承担。

4. 未对动物采取安全措施造成他人损害的，动物饲养人或者管理人应当承担什么法律责任?

答:《民法典》第一千二百四十六条规定，违反管理规定，未对动物采取安全措施造成他人损害的，动物饲养人或者管理人应当承担侵权责任；但是，能够证明损害是因被侵权人故意造成的，可以减轻责任。

5. 流浪犬、流浪猫应该怎么处置?

答: 2021年5月1日起施行的《动物防疫法》第三十条第三款规定，街道办事处、乡级人民政府组织协调居民委员会、村民委员会，做好本辖区流浪犬、猫的控制和处置，防止疫病传播。

6. 遗弃、逃逸的动物在遗弃、逃逸期间造成他人损害的，动物饲养人或者管理人应当承担法律责任吗?

答: 应当承担。《民法典》第一千二百四十九条规定，遗弃、逃逸的动物在遗弃、逃逸期间造成他人损害的，由动物原饲养人或者管理人承担侵权责任。

7. 饲养的动物造成他人损害的，应当承担什么法律责任?

答:《民法典》第一千二百四十五条规定，饲养的动物造成他人损害的，动物饲养人或者管理人应当承担侵权责任；但是，能够证明损害是因被侵权人故意或者重大过失造成的，可以不承担或者减轻责任。

8. 因第三人过错致使动物造成他人损害的，应当承担什么法律责任？

答：《民法典》第一千二百五十条规定，因第三人过错致使动物造成他人损害的，被侵权人可以向动物饲养人或者管理人请求赔偿，也可以向第三人请求赔偿。动物饲养人或者管理人赔偿后，有权向第三人追偿。

9. 宠物可以放生吗？

答：不可以。很多宠物放生后，会对生态环境造成破坏，是要承担相应民事责任的。

10. 宠物主人带猫、狗看病要注意什么？

答：（1）到有资质的动物诊疗机构看病。

首先，该诊疗机构应当有《动物诊疗许可证》。

其次，宠物医生应当有《执业兽医师资格证书》，注意一定是“执业兽医师”，不是“执业助理兽医师”。

最后，涉及猫和狗做绝育手术、剖腹产手术、取肠道或腹腔异物手术等诊疗，诊疗机构的营业执照上应有“动物医院”字样，这样的动物诊疗机构具备国家规定的手术条件。营业执照上有“动物门诊”或“动物诊所”字样的动物诊疗机构是不具备做手术条件的。动物医院至少有3名以上具有执业兽医师资格证书的人员。

（2）保存处方笺。

保存好兽医开具的处方笺，处方笺上应该有诊疗机构信息、执业兽医师签名和联系方式，宠物主人应保存好诊疗处方。

(3) 做好个人防护。

给动物拍X片时，需要主人协助保定动物时，主人应穿防辐射服装（铅手套、铅围裙、铅围脖、铅眼镜）。谨记：放射危害可以终身蓄积。

11. 出现诊疗纠纷怎么办?

答：带上诊疗凭证，向诊疗机构所在县级农业农村兽医主管部门申诉。

12. 运输犬、猫需要申报产地检疫，应当提前几天?

答：农业部关于进一步加强犬和猫产地检疫监管工作的通知要求，调运犬、猫前，饲养者应提前3天向所在地动物卫生监督机构申报检疫。其中，饲养者调运的犬、猫狂犬病免疫期应超过21天。

13. 申报犬、猫产地检疫，应准备和提供哪些材料?

答：农业部关于进一步加强犬和猫产地检疫监管工作的通知要求，饲养场申报检疫的，应提供养殖场《动物防疫条件合格证》和养殖档案、相应疫病实验室检测报告。个人申报检疫的，应出示狂犬病免疫证明及相应疫病实验室检测报告。

14. 申报犬、猫产地检疫，实验室检测项目有哪些?

答：犬包括犬瘟热、犬细小病毒病及狂犬病免疫抗体检测。猫包括猫泛白细胞减少症（猫瘟）检测和狂犬病免疫抗体检测。

15. 犬、猫产地检疫合格证是一犬一证、一猫一证吗?

答: 是的。农业部关于进一步加强犬和猫产地检疫监管工作的通知要求，动物卫生监督机构应严格按检疫规程逐只、逐项进行临床健康检查。整车运输的，还要查验每只犬、猫附具的狂犬病免疫抗体检测报告和其他疫病实验室检测报告等，合格的，出具《动物检疫合格证明》。

16. 申报兔的产地检疫，检疫对象有哪些?

答: 兔产地检疫规程规定的检疫对象为兔病毒性出血病(兔瘟)、兔黏液瘤病、野兔热、兔球虫病。

17. 宠主可以随意处置病死宠物吗?

答: 不可以。死亡动物应当按照《病死畜禽和病害畜禽产品无害化处理管理办法》的要求处理。

18. 未按照规定处理或者随意弃置病死宠物的，应承担什么法律责任?

答:《动物防疫法》第九十八条明确规定，未按照规定处理或者随意弃置病死动物的，由县级以上地方人民政府农业农村主管部门责令改正，处三千元以上三万元以下罚款；情节严重的，责令停业整顿，并处三万元以上十万元以下罚款。

第十章　运输动物

第一节　畜禽运输车辆管理

1. 国家针对运输动物有专门的管理办法吗？

答：有。2021年为了加强动物运输活动的防疫管理，根据《动物防疫法》，我国制定了《动物运输防疫管理办法》（已公布草案）。本办法适用于在中华人民共和国领域内运输动物的防疫及其监督管理活动。

2. 国家对从事动物运输的单位、个人及车辆是怎么管理的？

答：备案管理。

3. 哪些运输车辆需要备案？

答：从事动物运输的单位、个人及车辆均需备案。

4. 从事动物运输的单位和个人申请备案时，应当提交哪些材料？

答：应当提交下列有关材料：

（一）动物运输单位或个人备案申请表；

（二）营业执照或者身份证明材料；

（三）农业农村部规定的其他材料。

5. 畜禽运输车辆应当符合什么条件?

答：运输动物的车辆备案应当符合下列条件：

（一）专用机动车辆，车辆载重、空间等与动物数量相适应；

（二）车厢壁及底部、隔离地板应当耐腐蚀、防渗漏、耐高温，便于清洗、消毒和烘干；

（三）具有防止动物排泄物渗漏、遗撒的设施设备；

（四）随车配有清洗、消毒设备和消毒药品；

（五）跨省、自治区、直辖市运输的，应当配备能够接入监管监控平台的车辆定位跟踪系统车载终端；

（六）具有其他保障动物防疫的设施设备。

6. 运输动物的车辆申请备案时，应当提交什么材料?

答：应当提交下列有关材料：

（一）动物运输车辆备案申请表；

（二）车辆所有权人的营业执照或者身份证明材料；

（三）运输车辆照片；

（四）农业农村部规定的其他材料。

7. 从事动物运输的单位、个人及车辆的备案有效期为多久?

答：二年。从事动物运输的单位、个人应当在备案有效期届满前一个月内向原备案机关申请延续。动物运输车辆备案有效期届满，继续从事动物运输活动的，应当重新向所在地县级农业农村主管部门申请备案。

▶8. 跨省、自治区、直辖市运输动物的车辆有什么要求?

答: 应当使用配备车辆定位跟踪系统车载终端的备案车辆，并确保运输过程中车辆定位系统正常运转。

▶9. 畜禽运输备案车辆检测出动物疫病阳性的，如何处置?

答: 各级农业农村（畜牧兽医）主管部门定期会对畜禽运输备案车辆开展动物疫病检测，检出阳性的，暂停备案；整改不到位的，一律取消备案。

第二节　运输管理

▶1. 从事动物运输的单位和个人托运动物时要注意什么?

答: 托运人托运依法应当检疫的动物时应当提供检疫证明。从事动物运输的单位和个人应当核对托运动物的数量、畜禽标识等信息，信息不相符或未取得检疫证明的，不得承运。

▶2. 运输用于继续饲养或者屠宰的动物到达目的地后，从事动物运输的单位、个人应当在什么时间内，向启运地县级动物卫生监督机构报告?

答: 24小时内。

▶3. 目的地饲养场（户）或者屠宰厂（场）应当在接收动物后什么时间内，向所在地县级动物卫生监督机构报告?

答: 24小时内。

4. 从事动物运输的单位和个人车辆清洗消毒有什么法律规定?

答：从事动物运输的单位和个人应当按照车辆清洗消毒技术要求，在动物装载前、卸载后对运输车辆清洗消毒，并对清除的垫料、排泄物、污物等进行无害化处理。

鼓励动物运输车辆到专业的洗消中心清洗、消毒。

5. 车辆及运输工具消毒推荐使用哪些消毒剂?

答：车辆及运输工具消毒推荐使用酚类、戊二醛类、季铵盐类、复方含碘类（碘、磷酸、硫酸复合物）消毒剂。

6. 从事动物运输的单位和个人的运输台账有什么规定?

答：中华人民共和国农业农村部第531号公告要求，从事畜禽运输的单位和个人应当建立健全运输台账，详细记录检疫证明编号、畜禽名称、畜禽数量、运输时间、启运地点、到达地点、运输路线、车辆清洗、消毒以及运输活动中死亡、染疫或者疑似染疫畜禽的处置等情况。跨省运输畜禽的备案车辆卫星定位系统相关信息记录保存期限不得少于二个月。

7. 从事运输动物的单位、个人及车辆没有备案，能否申报动物检疫?

答：动物卫生监督机构接到动物产地检疫申报后，应当查验从事运输动物的单位、个人及车辆备案情况，未备案的，不予受理。

8. 承运人在什么情况下不得承运畜禽?

答: 以下情况承运人均不得承运畜禽:

运输车辆未取得畜禽运输车辆备案表、未经清洗消毒、畜禽未经检疫或未附有动物检疫合格证明、畜禽未佩戴耳标或耳标不齐全。

9. 畜禽运输途中，货主或承运人要注意哪些事项?

答:（1）不得隐瞒疫情。畜禽承运人发现畜禽染疫或疑似染疫的，应当立即报告当地农业农村（畜牧兽医）部门。

（2）不得销售疑似染疫畜禽。承运人不得贩运疑似染疫畜禽。发现疑似染疫畜禽的，要立即采取隔离、限制移动等措施。

（3）不得擅自更改畜禽运输目的地。承运人要严格按照动物检疫合格证明载明的目的地运输畜禽，装载前、卸载后要对车辆严格清洗、消毒。

（4）不得随意丢弃病死畜禽。

10. 运输过程中，出现畜禽死亡，应如何处理?

答: 运输过程中的染疫畜禽及其排泄物、病死或死因不明的畜禽尸体，不得随意丢弃，应当委托途经地病死畜禽无害化处理厂进行处理，所需费用由货主承担。

11. 发生动物疫情后，受威胁区内易感动物是否可以调出?

答: 禁止调出。

12. 运输途中发生动物疫情的，畜禽和运载工具应该如何处置？

答：运输途中发现动物疫情的，疫情发生所在地的县级人民政府应依法及时组织扑杀运输的所有畜禽，并参照《病死及病害动物无害化处理技术规范》等相关规定，对所有病死畜禽、被扑杀畜禽及其产品，以及排泄物、餐厨废弃物、被污染或可能被污染的饲料和垫料、污水等进行无害化处理，对运载工具进行彻底清洗消毒，不得劝返。

13. 引进用于继续饲养的易感动物有哪些要求？

答：继续饲养的易感动物到达目的地后，货主或者承运人应当在24小时内向所在地县级动物卫生监督机构报告，并接受监督检查。对继续饲养的易感动物，要定期进行监督检查，应当详细掌握所有引进易感动物和动物产品的生产、去向和结果，并建立相关档案。

14. 养蜂者到达蜜粉源植物种植区放蜂时，要注意什么？

答：《养蜂管理办法（试行）》第十二条规定，养蜂者到达蜜粉源植物种植区放蜂时，应当告知周边3000米以内的村级组织或管理单位。接到放蜂通知的组织和单位应当以适当方式及时公告。在放蜂区种植蜜粉源植物的单位和个人，应当避免在盛花期施用农药。确需施用农药的，应当选用对蜜蜂低毒的农药品种。

种植蜜粉源植物的单位和个人应当在施用农药3日前告知所在地及邻近3000米以内的养蜂者，使用航空器喷施农药的单位和个人应当在作业5日前告知作业区及周边5000米以内的养蜂者，防止对蜜蜂造成危害。

养蜂者接到农药施用作业通知后应当相互告知，及时采取安全防范措施。

第三节　跨省运输动物

1. 跨省、自治区、直辖市运输动物是否需要接受公路动物卫生监督检查站监督检查？

答：需要。跨省、自治区、直辖市运输动物的，承运人运输途中应主动接受公路动物卫生监督检查站的监督检查，经指定通道入省境或过省境。

2. 跨省运输动物不经指定通道进入新疆境内的，应当承担什么法律责任？

答：《动物防疫法》第一百零二条规定，由县级以上地方人民政府农业农村主管部门对运输人处五千元以上一万元以下罚款；情节严重的，处一万元以上五万元以下罚款。

3. 饲养场（户）或者屠宰厂（场）接收通过道路运输未经指定通道入省境或者过省境的动物，应当承担什么法律责任？

答：《动物防疫法》第一百零二条规定，由县级以上地方人民政府农业农村主管部门处一千元以上一万元以下罚款。

4. 从外省引进乳用、种用动物及其精液、胚胎、种蛋的，需要进行审批吗？

答：不需要。新修订的《动物防疫法》已经将此项审批项目取消了。

5. 跨省引进种用、乳用动物及其精液、胚胎、种蛋到达输入地后，应当如何报告？

答：跨省引进种用、乳用动物及其精液、胚胎、种蛋到达输入地后，货主或承运人应当在24小时内向所在地县级农业农村部门报告。

6. 从外省引进乳用、种用动物落地后，如何实施隔离观察？

答：《动物检疫管理办法》第十七条第一款规定，跨省、自治区、直辖市引进的乳用、种用动物到达输入地后，应当在隔离场或者饲养场内的隔离舍进行隔离观察，隔离期为三十天。经隔离观察合格的，方可混群饲养；不合格的，按照有关规定进行处理。隔离观察合格后需要继续运输的，货主应当申报检疫，并取得动物检疫证明。

7. 跨省、自治区、直辖市输入到无规定动物疫病区的乳用、种用动物落地后，如何实施隔离观察？

答：跨省、自治区、直辖市输入到无规定动物疫病区的乳用、种用动物的隔离应当在输入地省、自治区、直辖市动物卫生监督机构指定的隔离场所进行隔离，隔离检疫期为三十天。隔离期间的费用由货主承担。隔离检疫合格的，由当地县级动物卫生监督机构的官方兽医出具动物检疫证明；经隔离检疫不合格的动物，由官方兽医出具检疫处理通知单，按照国家有关规定进行处理，处理费用由货主承担。

第四节　法律责任

▶1. 畜禽运输备案车辆存在违法违规调运行为的，有何后果？

答：发现涉嫌违法违规调运的畜禽运输备案车辆，立即取消备案。

▶2. 违规调运畜禽，引发重大动物疫情的，需要承担刑事责任吗？

答：违反国家有关规定调运畜禽，引发重大动物疫情，或者有引发重大动物疫情风险，情节严重的，涉嫌构成《中华人民共和国刑法》（简称《刑法》）第三百三十七条规定的妨害动植物防疫、检疫罪，处三年以下有期徒刑或者拘役，并处或者单处罚金。

▶3. 承运人未按照规定处理或者随意弃置病死动物、病害动物产品的，应当承担什么法律责任？

答：《动物防疫法》第九十八条规定，由县级以上地方人民政府农业农村主管部门责令改正，处三千元以上三万元以下罚款；情节严重的，责令停业整顿，并处三万元以上十万元以下罚款。

4. 未按照规定保存行程路线和托运人提供的动物名称、检疫证明编号、数量等信息的，应当承担什么法律责任？

答：《动物防疫法》第九十八条规定，由县级以上地方人民政府农业农村主管部门责令改正，处三千元以上三万元以下罚款；情节严重的，责令停业整顿，并处三万元以上十万元以下罚款。

5. 未经检疫合格，向无规定动物疫病区输入动物、动物产品的，应当承担什么法律责任？

答：《动物防疫法》第九十八条规定，由县级以上地方人民政府农业农村主管部门责令改正，处三千元以上三万元以下罚款；情节严重的，责令停业整顿，并处三万元以上十万元以下罚款。

6. 跨省、自治区、直辖市引进种用、乳用动物到达输入地后，未按照规定进行隔离观察的，应当承担什么法律责任？

答：《动物防疫法》第九十八条规定，由县级以上地方人民政府农业农村主管部门责令改正，处三千元以上三万元以下罚款；情节严重的，责令停业整顿，并处三万元以上十万元以下罚款。

7. 运输染疫或者疑似染疫的动物，运输染疫或者疑似染疫的动物产品，应当承担什么法律责任？

答：《动物防疫法》第九十七条规定，由县级以上地方人民政府农业农村主管部门责令改正、采取补救措施，没收违法所得、动物和动物产品，并处同类检疫合格动物、动物产品货值金额十五倍以上三十倍以下罚款；同类检疫合格动物、动物产品货值金额不足一万元的，并处五万元以上十五万元以下罚款。

违法行为人及其法定代表人（负责人）、直接负责的主管人员和其他直接责任人员，自处罚决定作出之日起五年内不得从事相关活动；构成犯罪的，终身不得从事屠宰、经营、运输动物或者生产、经营、加工、贮藏、运输动物产品等相关活动。

▶ 8. 运输的动物未附有检疫证明，运输的动物产品未附有检疫证明、检疫标志的，应当承担什么法律责任?

答：《动物防疫法》第一百条规定，由县级以上地方人民政府农业农村主管部门责令改正，处同类检疫合格动物、动物产品货值金额一倍以下罚款；对货主以外的承运人处运输费用三倍以上五倍以下罚款，情节严重的，处五倍以上十倍以下罚款。

▶ 9. 将禁止或者限制调运的特定动物、动物产品由动物疫病高风险区调入低风险区，应当承担什么法律责任?

答：《动物防疫法》第一百零一条规定，由县级以上地方人民政府农业农村主管部门没收运输费用、违法运输的动物和动物产品，并处运输费用一倍以上五倍以下罚款。

第十一章　屠宰动物

▶1. 农村地区可以在自己家屠宰畜禽吗?

答：《新疆维吾尔自治区畜禽屠宰管理条例》第四条第一款、第二款、第三款分别规定，自治区实行畜禽定点屠宰、集中检疫制度。

除个人自宰自食外，任何单位和个人不得在非定点屠宰场所从事畜禽屠宰活动。

鼓励个人自宰自食的畜禽在定点屠宰场所进行屠宰。

▶2. 进入屠宰加工场所的待宰动物应当具备什么条件?

答：《动物检疫管理办法》第二十条规定，进入屠宰加工场所的待宰动物应当附有动物检疫证明并加施有符合规定的畜禽标识。

《动物防疫法》第四十九条第一款规定，屠宰、出售或者运输动物以及出售或者运输动物产品前，货主应当按照国务院农业农村主管部门的规定向所在地动物卫生监督机构申报检疫。

▶3. 什么人员不能从事动物屠宰工作?

答：患有人畜共患传染病的人员不得从事动物屠宰工作。

《动物防疫法》第三十五条规定，患有人畜共患传染病的人员不得直接从事动物疫病监测、检测、检验检疫、诊疗以及易感染动物的饲养、屠宰、经营、隔离、运输等活动。

▶4. 患有人畜共患传染病的人员，直接从事易感染动物的屠宰活动的，应承担什么法律责任?

答：《动物防疫法》第九十六条规定，违反本法规定，患有人畜共患传染病的人员，直接从事动物疫病监测、检测、检验检疫，动物诊疗以及易感染动物的饲养、屠宰、经营、隔离、运输等活动的，由县级以上地方人民政府农业农村或者野生动物保护主管部门责令改正；拒不改正的，处一千元以上一万元以下罚款；情节严重的，处一万元以上五万元以下罚款。

▶5. 到屠宰场屠宰动物需要产地检疫合格证明吗?

答：需要。

▶6. 农村地区自宰自食的动物，屠宰前需要申报检疫吗?

答：不需要。

▶7. 屠宰染疫或者疑似染疫的动物，应承担什么法律责任?

答：《动物防疫法》第九十七条规定，违反本法第二十九条规定，屠宰、经营、运输动物或者生产、经营、加工、贮藏、运输动物产品的，由县级以上地方人民政府农业农村主管部门责令改正、采取补救措施，没收违法所得、动物和动物产品，并处同类检疫合格动物、动物产品货值金额十五倍以上三十倍以下罚款；同类检疫合格动物、动物产品货值金额不足一万元的，并处五万元以上十五万元以下罚款；其中依法应当检疫而未检疫的，依照本法第一百条的规定处罚。

前款规定的违法行为人及其法定代表人（负责人）、直接负责的主管人员和其他直接责任人员，自处罚决定作出之日起五年内不得从事相关活动；构成犯罪的，终身不得从事屠宰、经营、运输动物或者生产、经营、加工、贮藏、运输动物产品等相关活动。

《动物防疫法》第二十九条规定，禁止屠宰、经营、运输下列动物和生产、经营、加工、贮藏、运输下列动物产品：

（一）封锁疫区内与所发生动物疫病有关的；

（二）疫区内易感染的；

（三）依法应当检疫而未经检疫或者检疫不合格的；

（四）染疫或者疑似染疫的；

（五）病死或者死因不明的；

（六）其他不符合国务院农业农村主管部门有关动物防疫规定的。

因实施集中无害化处理需要暂存、运输动物和动物产品并按照规定采取防疫措施的，不适用前款规定。

8. 屠宰场屠宰未附有检疫证明的动物，应承担什么法律责任?

答：《动物防疫法》第一百条第一款规定，违反本法规定，屠宰、经营、运输的动物未附有检疫证明，经营和运输的动物产品未附有检疫证明、检疫标志的，由县级以上地方人民政府农业农村主管部门责令改正，处同类检疫合格动物、动物产品货值金额一倍以下罚款；对货主以外的承运人处运输费用三倍以上五倍以下罚款，情节严重的，处五倍以上十倍以下罚款。

9. 为什么在城市的集贸市场不能现场宰杀鸡、鸭、鹅、鸽、兔?

答：2021年5月1日起施行的《动物防疫法》第二十六条第二款规定，县级以上地方人民政府应当根据本地情况，决定在城市特定区域禁止家畜家禽活体交易。

第十二章　销售、购买动物和动物产品

1. 我国法律规定的动物包括哪些？

答：《动物防疫法》第三条第一款规定，本法所称动物，是指家畜家禽和人工饲养、捕获的其他动物。

2. 我国法律规定的动物产品包括哪些？

答：《动物防疫法》第三条第二款规定，本法所称动物产品，是指动物的肉、生皮、原毛、绒、脏器、脂、血液、精液、卵、胚胎、骨、蹄、头、角、筋以及可能传播动物疫病的奶、蛋等。

3. 什么人员不能从事动物或动物产品的经营工作？

答：患有人畜共患传染病的人员。《动物防疫法》第九十六条规定，违反本法规定，患有人畜共患传染病的人员，直接从事动物疫病监测、检测、检验检疫，动物疹疗以及易感染动物的饲养、屠宰、经营、隔离、运输等活动的，由县级以上地方人民政府农业农村或者野生动物保护主管部门责令改正；拒不改正的，处一千元以上一万元以下罚款；情节严重的，处一万元以上五万元以下罚款。

▶4. 到集贸市场销售自己饲养的动物需要申报产地检疫吗?

答: 需要。

▶5. 农村地区供自己食用的动物，屠宰前需要申报检疫吗?

答: 不需要。

▶6. 禁止出售或购买什么样的畜禽?

答: 禁止销售和购入病、死畜禽及无检疫证明的活畜禽和畜禽产品。

▶7. 养殖场（户）在引种和补栏时，要注意什么?

答: 要增强风险防控意识，在引种和补栏时不购买无检疫合格证明、无牲畜耳标、无相关疫病检测报告、未使用备案车辆运输，或价格明显偏低的种畜禽和仔畜禽。

▶8. 从事畜禽经营的销售者和购买者养殖档案有什么要求?

答:《畜禽标识和养殖档案管理办法》第二十三条规定，从事畜禽经营的销售者和购买者应当向所在地县级动物疫病预防控制机构报告更新防疫档案相关内容。

销售者或购买者属于养殖场的，应及时在畜禽养殖档案中登记畜禽标识编码及相关信息变化情况。

▶9. 销售[①]染疫或者疑似染疫的动物，应承担什么法律责任?

答:《动物防疫法》第九十七条规定，由县级以上地方人

① 为了普法题目更加通俗，题目使用“销售”，法规原文中为“经营”。

民政府农业农村主管部门责令改正、采取补救措施，没收违法所得、动物和动物产品，并处同类检疫合格动物、动物产品货值金额十五倍以上三十倍以下罚款；同类检疫合格动物、动物产品货值金额不足一万元的，并处五万元以上十五万元以下罚款。

违法行为人及其法定代表人（负责人）、直接负责的主管人员和其他直接责任人员，自处罚决定作出之日起五年内不得从事相关活动；构成犯罪的，终身不得从事屠宰、经营、运输动物或者生产、经营、加工、贮藏、运输动物产品等相关活动。

10. 生产、销售病死、死因不明或者检验检疫不合格的畜禽及其肉类的触犯刑法吗?

答：触犯。按照《最高人民法院、最高人民检察院关于办理危害食品安全刑事案件适用法律若干问题的解释》（法释〔2021〕24号）规定，生产、销售属于病死、死因不明或者检验检疫不合格的畜、禽、兽、水产动物肉类及其制品的，应当认定为刑法第一百四十三条规定的“足以造成严重食物中毒事故或者其他严重食源性疾病”。

11. 销售的动物或动物产品未附有检疫证明，应当承担什么法律责任?

答：《动物防疫法》第一百条规定，由县级以上地方人民政府农业农村主管部门责令改正，处同类检疫合格动物、动物产品货值金额一倍以下罚款；对货主以外的承运人处运输费用三倍以上五倍以下罚款，情节严重的，处五倍以上十倍以下罚款。

▶ 12. 购买种畜和种禽要注意什么?

答: 要注意以下几个方面:

(一) 到有《种畜禽生产经营许可证》的种畜禽场购买种畜或种禽;

(二) 种畜禽有清楚的系谱证、种畜禽合格证和动物检疫合格证;

(三) 有售后服务。

▶ 13. 购买肉类要注意什么?

答: 注意以下几个方面:

(一) 到正规的集贸市场购买;

(二) 肉品要附有检疫标识和动物产品检疫合格证明。扫描检疫合格证明二维码,可以获取动物来源相关信息;

(三) 不要贪图价格便宜,购买来路不明的肉类。

▶ 14. 可以购买狗肉吗?

答: 不能。目前,我国尚未制定犬屠宰检疫规程,因此,犬肉无法从正规屠宰场获取动物产品检疫合格证明,没有动物产品检疫证明的肉品是不允许销售和购买的。

▶ 15. 生鲜乳收购者在生鲜乳收购过程中,加入非食品用化学物质或者其他可能危害人体健康的物质,应当承担什么法律责任?

答: 依照《乳品质量安全监督管理条例》第五十四条的规定,生鲜乳收购者、乳制品生产企业在生鲜乳收购、乳制品生产过程中，加入非食品用化学物质或者其他可能危害人体健康的物质，依照刑法第一百四十四条的规定，构成犯罪的，依法追究刑事责任，并由发证机关吊销许可证照；尚不构成犯罪的，由畜牧兽医主管部门、质量监督部门依据各自职责没收违法所得和违法生产的乳品，以及相关的工具、设备等物品，并处违法乳品货值金额15倍以上30倍以下罚款，由发证机关吊销许可证照。

16. 生产、销售的生鲜乳含有违禁物质，不符合国家限量标准的，应当承担什么法律责任?

答：依照《乳品质量安全监督管理条例》第五十五条的规定，没收违法所得、违法生鲜乳和相关的工具、设备等物品，并处违法生鲜乳货值金额20倍罚款。

17. 蜂产品质量安全负责主体是谁?

答：《养蜂管理办法（试行）》第十条规定，养蜂者应当遵守《中华人民共和国农产品质量安全法》等有关法律法规，对所生产的蜂产品质量安全负责。养蜂者应当按照国家相关规定正确使用生产投入品，不得在蜂产品中添加任何物质。

18. 蜂产品包括什么?

答：蜂产品，是指蜂群生产的未经加工的蜂蜜、蜂王浆、蜂胶、蜂花粉、蜂毒、蜂蜡、蜂幼虫和蜂蛹等。

19. 销售的蚕种应当符合什么条件?

答：农业农村部令2022年第1号修订的《蚕种管理办法》

第二十一条规定，销售的蚕种应当经检疫、检验合格，并附具蚕种检疫合格证明、质量合格证和标签。

蚕种标签应当注明企业（种场）名称、企业（种场）地址、品种名称、期别、批次、执行标准、卵量等内容。

20. 哪些蚕种是禁止销售的?

答：农业农村部令2022年第1号修订的《蚕种管理办法》第二十三条规定，禁止销售下列蚕种：

（一）以不合格蚕种冒充合格的蚕种；

（二）冒充其他企业（种场）名称或者品种的蚕种；

（三）未附具本办法第二十一条规定的蚕种检疫证明、蚕种质量合格证和标签的蚕种。

21. 销售的蚕种未附具蚕种检疫证明、质量合格证的，应当承担什么法律责任?

答：农业农村部令2022年第1号修订的《蚕种管理办法》第三十三条规定，销售的蚕种未附具蚕种检疫证明、质量合格证的，由县级以上地方人民政府农业农村（蚕业）主管部门责令改正，没收违法所得，可以处二千元以下罚款。

22. 销售、推广未经审定蚕种的，应受到怎样的处罚?

答：农业农村部令2022年第1号修订的《蚕种管理办法》第三十一条第一款规定，违反本办法第十一条第二款的规定，销售、推广未经审定蚕种的，由县级以上人民政府农业农村（蚕业）主管部门责令停止违法行为，没收蚕种和违法所得；违法所得在五万元以上的，并处违法所得一倍以上三倍以下罚款；没有违法所得或者违法所得不足五万元的，并处五千元以上五万元以下罚款。

23. 蚕种经营者需要建立蚕种经营档案吗?

答： 需要。根据农业农村部令2022年第1号修订的《蚕种管理办法》第二十二条规定，蚕种经营者应当建立蚕种经营档案。蚕种经营档案应当载明蚕种来源、保藏地点、质量状况、销售去向等内容。蚕种经营档案应当保存二年以上。

第十三章　病死病害动物和动物产品无害化处理

第一节　无害化处理规定

▶ 1. 什么是病死动物?

答:《动物防疫法》第一百一十条规定，病死动物，是指染疫死亡、因病死亡、死因不明或者经检验检疫可能危害人体或者动物健康的死亡动物。

▶ 2. 什么是病害动物产品?

答:《动物防疫法》第一百一十条规定，病害动物产品，是指来源于病死动物的产品，或者经检验检疫可能危害人体或者动物健康的动物产品。

▶ 3. 谁是病死畜禽无害化处理的第一责任人?

答: 从事动物饲养、屠宰、经营、隔离及动物产品生产、经营、加工、贮藏等活动的单位和个人是病死畜禽无害化处理的第一责任人，应当按照国家有关规定做好病死动物、病害动物产品的无害化处理，或者委托动物和动物产品无害化处理场所处理。

4. 病死畜禽无害化处理方法有哪些?

答：病死动物无害化处理应按照《病死及病害动物无害化处理技术规范》（农医发〔2017〕25号）的规定，采取焚烧、化制、高温、深埋、化学等方法进行处理。

5. 什么样的畜禽和畜禽产品应当进行无害化处理?

答：《病死畜禽和病害畜禽产品无害化处理管理办法》第三条规定，下列畜禽和畜禽产品应当进行无害化处理：

（一）染疫或者疑似染疫死亡、因病死亡或者死因不明的；

（二）经检疫、检验可能危害人体或者动物健康的；

（三）因自然灾害、应激反应、物理挤压等因素死亡的；

（四）屠宰过程中经肉品品质检验确认为不可食用的；

（五）死胎、木乃伊胎等；

（六）因动物疫病防控需要被扑杀或销毁的；

（七）其他应当进行无害化处理的。

6. 病死畜禽和病害畜禽产品无害化处理的基本原则是什么?

答：《病死畜禽和病害畜禽产品无害化处理管理办法》第四条规定，病死畜禽和病害畜禽产品无害化处理坚持统筹规划与属地负责相结合、政府监管与市场运作相结合、财政补助与保险联动相结合、集中处理与自行处理相结合的原则。

7. 病死畜禽和病害畜禽产品无害化处理场所有哪些?

答：病死畜禽无害化处理场，集中暂存点，自行处理病死畜禽和病害畜禽产品的畜禽养殖场、屠宰厂（场）、隔离场等。

▶8. 养殖环节无害化处理有补助吗?

答: 养殖环节无害化处理补助主要用于养殖环节病死动物无害化处理等方面。按照“谁处理补给谁”的原则，补助对象为承担无害化处理任务的实施者。具体补助金额以当地政府制定的补助标准为准。

▶9. 在运输过程中发生畜禽死亡或者因检疫不合格需要进行无害化处理的，承运人应当怎么做?

答: 运输过程中发生畜禽死亡或者因检疫不合格需要进行无害化处理的，承运人应当立即通知货主，配合做好无害化处理，不得擅自弃置和处理。

▶10. 病死畜禽和病害畜禽产品专用运输车辆应当符合什么要求?

答: 按照农业农村部动物运输车辆备案的有关规定，在承运人所在地县级人民政府农业农村主管部门备案。应当符合下列要求:

（一）不得运输病死畜禽和病害畜禽产品以外的其他物品;

（二）车厢密闭、防水、防渗、耐腐蚀，易于清洗和消毒;

（三）配备能够接入国家监管监控平台的车辆定位跟踪系统、车载终端;

（四）配备人员防护、清洗消毒等应急防疫用品;

（五）有符合动物防疫需要的其他设施设备。病死畜禽和病害畜禽产品专用运输车辆数量和运载能力，应当与区域内畜禽养殖情况相适应。

▶ 11. 运输病死畜禽和病害畜禽产品的单位和个人应当遵守什么规定?

答: 根据《病死畜禽和病害畜禽产品无害化处理管理办法》第十五条，应当遵守下列规定:

（一）及时对车辆、相关工具及作业环境进行消毒;

（二）作业过程中如发生渗漏，应当妥善处理后再继续运输;

（三）做好人员防护和消毒。

▶ 12. 病死畜禽和病害畜禽产品集中暂存点应当具备什么条件?

答: 根据《病死畜禽和病害畜禽产品无害化处理管理办法》第十二条，病死畜禽和病害畜禽产品集中暂存点应当具备下列条件:

（一）有独立封闭的贮存区域，并且防渗、防漏、防鼠、防盗，易于清洗消毒;

（二）有冷藏冷冻、清洗消毒等设施设备;

（三）设置显著警示标识;

（四）有符合动物防疫需要的其他设施设备。

▶ 13. 病死畜禽和病害畜禽产品集中暂存点、病死畜禽无害化处理场的报告制度是什么?

答: 应当于每年1月底前向所在地县级人民政府农业农村主管部门报告上一年度病死畜禽和病害畜禽产品无害化处理、运输车辆和环境清洗消毒等情况。

▶ 14. 病死水产养殖动物和病害水产养殖动物产品怎么进行无害化处理?

答: 参照《病死畜禽和病害畜禽产品无害化处理管理办法》执行。

▶ 15. 从事畜禽饲养、屠宰、经营、隔离及病死畜禽和病害畜禽产品收集、无害化处理的单位和个人，建立台账和视频监控有什么要求?

答: 应详细记录病死畜禽和病害畜禽产品的种类、数量(重量)、来源、运输车辆、交接人员和交接时间、处理产物销售情况等信息；安装视频监控设备，对病死畜禽和病害畜禽产品进（出）场、交接、处理和处理产物存放等进行全程监控。

相关台账记录保存期不少于2年，相关监控影像资料保存期不少于30天。

▶ 16. 我国病死畜禽无害化处理实现信息化管理了吗?

答: 是的。农业农村部建立了病死畜禽无害化处理监管系统，加强全程追溯管理。从事畜禽饲养、屠宰、经营、隔离及病死畜禽收集、无害化处理的单位和个人，应当按要求填报信息。

第二节　法律责任

1. 专业从事病死畜禽和病害畜禽产品运输的车辆，未经备案或者不符合《病死畜禽和病害畜禽产品无害化处理管理办法》第十四条规定的，应当怎样处罚?

答：《病死畜禽和病害畜禽产品无害化处理管理办法》第十四条规定，病死畜禽和病害畜禽产品专用运输车辆应当符合以下要求：

（一）不得运输病死畜禽和病害畜禽产品以外的其他物品；

（二）车厢密闭、防水、防渗、耐腐蚀，易于清洗和消毒；

（三）配备能够接入国家监管监控平台的车辆定位跟踪系统、车载终端；

（四）配备人员防护、清洗消毒等应急防疫用品；

（五）有符合动物防疫需要的其他设施设备。

2.《动物防疫法》第九十四条、第九十八条的内容分别是什么?

答：第九十四条　违反本法规定，动物、动物产品的运载工具、垫料、包装物、容器等不符合国务院农业农村主管部门规定的动物防疫要求的，由县级以上地方人民政府农业农村主管部门责令改正，可以处五千元以下罚款；情节严重的，处五千元以上五万元以下罚款。

第九十八条　违反本法规定，有下列行为之一的，由县级以上地方人民政府农业农村主管部门责令改正，处三千元以上三万元以下罚款；情节严重的，责令停业整顿，并处三万元以上十万元以下罚款：

（一）开办动物饲养场和隔离场所、动物屠宰加工场所以及动物和动物产品无害化处理场所，未取得动物防疫条件合格证的；

（二）经营动物、动物产品的集贸市场不具备国务院农业农村主管部门规定的防疫条件的；

（三）未经备案从事动物运输的；

（四）未按照规定保存行程路线和托运人提供的动物名称、检疫证明编号、数量等信息的；

（五）未经检疫合格，向无规定动物疫病区输入动物、动物产品的；

（六）跨省、自治区、直辖市引进种用、乳用动物到达输入地后未按照规定进行隔离观察的；

（七）未按照规定处理或者随意弃置病死动物、病害动物产品的。

第十四章　乡村兽医

1. 什么是乡村兽医?

答:《执业兽医和乡村兽医管理办法》第二条第二款规定,本办法所称乡村兽医,是指尚未取得执业兽医资格,经备案在乡村从事动物诊疗活动的人员。

2. 符合什么条件可以备案为乡村兽医?

答:《执业兽医和乡村兽医管理办法》第十三条规定,具备下列条件之一的,可以备案为乡村兽医:

(一)取得中等以上兽医、畜牧(畜牧兽医)、中兽医(民族兽医)、水产养殖等相关专业学历;

(二)取得中级以上动物疫病防治员、水生物病害防治员职业技能鉴定证书或职业技能等级证书;

(三)从事村级动物防疫员工作满五年。

3. 乡村兽医备案需要提交什么材料?

答:《执业兽医和乡村兽医管理办法》第十四条规定,执业兽医或者乡村兽医备案的,应当向备案机关提交下列材料:

(一)备案信息表;

(二)身份证明。

除前款规定的材料外，执业兽医备案还应当提交动物诊疗机构聘用证明，乡村兽医备案还应当提交学历证明、职业技能鉴定证书或职业技能等级证书等材料。

4. 乡村兽医备案机关是什么部门?

答：《执业兽医和乡村兽医管理办法》第三十六条规定，本办法所称备案机关，是指县（市辖区）级人民政府农业农村主管部门；市辖区未设立农业农村主管部门的，备案机关为上一级农业农村主管部门。

此外，《执业兽医和乡村兽医管理办法》第十五条规定，备案材料符合要求的，应当及时予以备案；不符合要求的，应当一次性告知备案人补正相关材料。

备案机关应当优化备案办理流程，逐步实现网上统一办理，提高备案效率。

5. 乡村兽医可以参加执业兽医资格考试吗?

答：可以。《执业兽医和乡村兽医管理办法》第七条规定，依法备案或登记，且从事动物诊疗活动十年以上的乡村兽医，可以报名参加全国执业兽医资格考试。

6. 乡村兽医的从业范围有什么要求?

答：《执业兽医和乡村兽医管理办法》第十八条第三款规定，乡村兽医应当在备案机关所在县域的乡村从事动物诊疗活动，不得在城区从业。

7. 乡村兽医不按照备案规定区域从事动物诊疗活动的，应承担什么法律责任？

答：《执业兽医和乡村兽医管理办法》第三十三条规定，违反本办法规定，乡村兽医不按照备案规定区域从事动物诊疗活动的，由县级以上地方人民政府农业农村主管部门责令限期改正，处一千元以上五千元以下罚款。

8. 乡村兽医在执业活动中应当履行哪些义务？

答：《执业兽医和乡村兽医管理办法》第二十二条规定，执业兽医和乡村兽医在执业活动中应当履行下列义务：

（一）遵守法律、法规、规章和有关管理规定；

（二）按照技术操作规范从事动物诊疗活动；

（三）遵守职业道德，履行兽医职责；

（四）爱护动物，宣传动物保健知识和动物福利。

9. 乡村兽医在执业过程中，不得有哪些行为？

答：（1）《执业兽医和乡村兽医管理办法》第十七条规定，患有人畜共患传染病的执业兽医和乡村兽医不得直接从事动物诊疗活动。

（2）《执业兽医和乡村兽医管理办法》第二十三条规定，执业兽医和乡村兽医应当按照国家有关规定使用兽药和兽医器械，不得使用假劣兽药、农业农村部规定禁止使用的药品及其他化合物和不符合规定的兽医器械。

执业兽医和乡村兽医发现可能与兽药和兽医器械使用有关的严重不良反应的，应当立即向所在地人民政府农业农村主管部门报告。

（3）《执业兽医和乡村兽医管理办法》第二十五条规定，执业兽医和乡村兽医在动物诊疗活动中发现动物染疫或者疑似染疫的，应当按照国家规定立即向所在地人民政府农业农村主管部门或者动物疫病预防控制机构报告，并迅速采取隔离、消毒等控制措施，防止动物疫情扩散。

执业兽医和乡村兽医在动物诊疗活动中发现动物患有或者疑似患有国家规定应当扑杀的疫病时，不得擅自进行治疗。

（4）《执业兽医和乡村兽医管理办法》第二十六条规定，执业兽医和乡村兽医应当按照当地人民政府或者农业农村主管部门的要求，参加动物疫病预防、控制和动物疫情扑灭活动，执业兽医所在单位和乡村兽医不得阻碍、拒绝。

执业兽医和乡村兽医可以通过承接政府购买服务的方式开展动物防疫和疫病诊疗活动。

第十五章　野生动物保护

▶1. 我国野生动物资源是什么状况？

答： 我国约有脊椎动物6266种，其中兽类约500种，鸟类约1258种，爬行类约376种，两栖类约284种，鱼类约3862种，约占世界脊椎动物种类的10%。据统计，约有476种陆栖脊椎动物为我国所特有，占我国陆栖脊椎动物种类的19.42%，其中约有2/3的两栖类为特有种。大熊猫、金丝猴、华南虎、羚牛、藏羚牛、褐马鸡、绿尾虹雉、白鳍豚、扬子鳄等均为我国特有的珍稀濒危野生动物。

▶2. 什么是濒危野生动物？

答： 濒危野生动物是指在其整个分布区或分布区的主要部分中处于有灭绝危险的野生动物。按照世界公认的标准，一个物种的数量少到以百计算时，即为濒危野生动物。

▶3.《野生动物保护法》对野生动物是怎么界定的？

答：《野生动物保护法》第二条第三款规定，本法规定的野生动物及其制品，是指野生动物的整体（含卵、蛋）、部分及其衍生物。

▶ 4. 公民有没有保护野生动物的义务?

答:《野生动物保护法》第六条规定，任何组织和个人都有保护野生动物及其栖息地的义务。禁止违法猎捕野生动物、破坏野生动物栖息地。任何组织和个人都有权向有关部门和机关举报或者控告违反本法的行为。

▶ 5. 我国保护的野生动物如何分类?

答:我国法律所保护的野生动物，是指珍贵、濒危的陆生、水生野生动物和有重要生态、科学、社会价值的陆生野生动物。按其保护程度，分为国家重点保护野生动物（分一级保护和二级保护）、地方重点保护野生动物和非重点保护野生动物（即生态、科学、社会价值的野生动物）。

▶ 6. 什么是国家一级保护动物和二级保护动物?

答:根据《野生动物保护法》第十条，国家对野生动物实行分类分级保护。国家对珍贵、濒危的野生动物实行重点保护。国家重点保护的野生动物分为一级保护野生动物和二级保护野生动物。并在其他条文中规定了不同的管理措施，但是它们的法律地位是相同的。

▶ 7. 什么是地方重点保护野生动物?

答:地方重点保护野生动物是指国家重点保护野生动物以外，由省、自治区、直辖市规定重点保护的野生动物。对这类动物除了按照《野生动物保护法》进行管理外，还要按照各省、自治区、直辖市人大常委会制定的地方性法规进行管理。

如《新疆维吾尔自治区实施〈中华人民共和国野生动物保护法〉办法》。

8. 新疆有多少种国家重点保护野生动物?

答： 2021年7月28日发布的《新疆国家重点保护野生动物名录》显示，共有6纲178种。其中，Ⅰ级保护野生动物45种、Ⅱ级保护野生动物133种，陆生野生动物167种、水生野生动物11种。

9. 哪些动物在《野生动物保护法》的管辖范围?

答： 主要有两类。一类是珍贵、濒危的动物，包括国家重点保护一级、二级和省级政府规定重点保护的种类。如各种鹿、熊、猴子、牦牛、孔雀、锦鸡等。另一类是有生态价值、科学价值、社会价值的野生动物。如貉子、麃子、果子狸、麝鼠、山鸡、雁鸭类、蛙类、蛇类及一些经济昆虫类等百余种。此外，根据国务院批准颁布的“陆生野生动物保护实施条例”规定，从国外引进的野生动物（家禽家畜除外）也分别列为国家和地方（省级）重点保护野生动物。

10. 国家允许农民养殖野生动物吗?

答： 对于野生动物管理部门来说，农民的养殖活动能够符合以下两点，一般都是允许的。

（1）养殖的动物是国家政策允许或正在推广养殖的种类。如鹿、蓝孔雀、鸵鸟这类传统养殖或外来的。

（2）饲养的种源是合法取得的。合法是指从具有野生动物主管部门发给的“野生动物人工繁殖许可证”或“野生动物经营许可证”的养殖场购买的。

11. 养殖的野生动物已经繁殖多代，还是不是野生动物？

答：是野生动物。养殖的野生动物虽经多代饲养，但并没有发生生物学上的变化，从外观和遗传方面与野外的动物相比也没有改变。比如山鸡（环颈雉）经过长期饲养，已经很普遍并形成很大规模，但由于没有经过定向培育（例如杂交育种）的过程，养殖场所饲养的和野外的山鸡是无法区分的，所以仍然属于野生动物。

12. 我国特养陆生野生动物有哪些？

答：（1）草食类特养动物。此类特养动物以草食为主，如梅花鹿、马鹿、羚羊、香獐、牦牛、骆驼、肉兔、野兔等。

（2）杂食类经济动物。目前有一定养殖规模的有肉狗、香猪、小型猪、果子狸、麝鼠、竹鼠、蛇、蛤蚧、野猪、野毛驴、牛蛙等。

（3）特禽类经济动物。这是当前颇受各地重视的多种特禽统称，包括黑凤鸡、白凤鸡、贵妇鸡、珍珠鸡、七彩山鸡、火鸡、绿壳蛋鸡、鹌鹑、孔雀、鹧鸪、绿头鸭、野鸭、野鹅、肉鸽、鸵鸟、观赏鸟等。

（4）毛皮经济动物。我国狐、貂、貉、海狸、毛兔、獭兔等。

（5）昆虫类动物的养殖。如蝎、蚁、土元、蜘蛛、果蛆、蜈蚣、蚯蚓、黄粉虫、蚕蛹、蜗牛、蝴蝶、稻蝗、白蜡虫等。

13. 我国全面禁止食用野生动物的法律依据是什么？

答： 2020年2月24日，全国人大常委会出台《全国人民代表大会常务委员会关于全面禁止非法野生动物交易、革除滥食野生动物陋习、切实保障人民群众生命健康安全的决定》（以下简称《决定》）。

14.《决定》自什么时间开始施行？

答：《决定》自2020年2月24日发布之日起施行。

15.《决定》规定禁止食用的野生动物包括哪些类？

答： 凡《中华人民共和国野生动物保护法》和其他有关法律禁止猎捕、交易、运输、食用的野生动物。全面禁止食用国家保护的“有重要生态、科学、社会价值的陆生野生动物”以及其他陆生野生动物，包括人工繁育、人工饲养的陆生野生动物。

16.《决定》对全面禁止食用野生动物是如何规定的？

答： 一是强调凡野生动物保护法和其他有关法律明确禁止食用的野生动物，必须严格禁止。二是全面禁止食用“三有动物”以及其他陆生野生动物，包括人工繁育、人工饲养的陆生野生动物。三是对违反现行法律规定的，在现行法律基础上加重处罚；对本《决定》增加的违法行为，参照适用现行法律有关规定处罚，以体现更加严格的管理和严厉打击。

17. 出售、购买、利用国家重点保护野生动物及其制品是怎么规定的?

答: 因科学研究、人工繁育、公众展示展演、文物保护或者其他特殊情况，需要出售、购买、利用国家重点保护野生动物及其制品的，应当经省、自治区、直辖市人民政府野生动物保护主管部门批准，并按照规定取得和使用专用标识，保证可追溯，但国务院对批准机关另有规定的除外。

18. 将野生动物（我国物种）放生至野外环境有哪些规定?

答: 任何组织和个人将野生动物放生至野外环境，应当选择适合放生地野外生存的当地物种，不得干扰当地居民的正常生活、生产，避免对生态系统造成危害。随意放生野生动物，造成他人人身、财产损害或者危害生态系统的，依法承担法律责任。

19. 从境外引进的野生动物是否可以放归野外环境?

答: 不允许放归。《野生动物保护法》第三十七条规定，从境外引进野生动物物种的，应当经国务院野生动物保护主管部门批准。从境外引进列入本法第三十五条第一款名录的野生动物，还应当依法取得允许进出口证明书。海关依法实施进境检疫，凭进口批准文件或者允许进出口证明书以及检疫证明按照规定办理通关手续。

从境外引进野生动物物种的，应当采取安全可靠的防范措施，防止其进入野外环境，避免对生态系统造成危害。确需将其放归野外的，按照国家有关规定执行。

《野生动物保护法》第五十三条规定，违反本法第三十七条第一款规定，从境外引进野生动物物种的，由县级以上人民政府野生动物保护主管部门没收所引进的野生动物，并处五万元以上二十五万元以下的罚款；未依法实施进境检疫的，依照《中华人民共和国进出境动植物检疫法》的规定处罚；构成犯罪的，依法追究刑事责任。

20. 外国人在我国对国家重点保护野生动物进行野外考察或者在野外拍摄电影、录像有哪些要求?

答：应当经省、自治区、直辖市人民政府野生动物保护主管部门或者其授权的单位批准，并遵守有关法律法规规定。

21. 公民应当怎样保护野生动物?

答：一是拒食野生动物及其制品；二是禁止一切非法猎捕活动；三是拒绝购买、贩卖、转运、加工等野生动物交易活动；四是谢绝观赏野生动物表演、展演；五是不将野生动物作为宠物饲养；六是不近距离接触野生动物；七是不随意放生、丢弃野生动物；八是不虐待野生动物，与野生动物和谐共处；九是发现受伤、死亡野生动物不拾捡，及时报告当地野生动物主管部门和救护站；十是发现出售、购买、利用、运输、携带、寄递、网上销售野生动物及其制品、乱捕滥猎野生动物等违法行为，及时向有关部门举报，举报电话：12345。

22. 发现受伤或者受困的野生动物应如何处理?

答：单位和个人发现受伤、病饿、受困、迷途的野生动物，应当尽力救护，禁止捕杀、食用，并及时报告当地野生动物主管部门处理。野生动物主管部门接到报告或受理后，会立即采取有效措施，组织专家积极救治救护。

23. 非法收购、运输、出售国家重点保护的珍贵、濒危野生动物及其制品，应当承担什么法律责任?

答：非法收购、运输、出售国家重点保护的珍贵、濒危野生动物及其制品的，根据《刑法》第三百四十一条第一款的规定，处五年以下有期徒刑或者拘役，并处罚金；情节严重的，处五年以上十年以下有期徒刑，并处罚金；情节特别严重的，处十年以上有期徒刑，并处罚金或者没收财产。

24. 猎捕、杀害国家重点保护野生动物，应承担什么法律责任?

答：非法猎捕、杀害国家重点保护的珍贵、濒危野生动物的，根据《刑法》第三百四十一条第一款的规定，处五年以下有期徒刑或者拘役，并处罚金；情节严重的，处五年以上十年以下有期徒刑，并处罚金；情节特别严重的，处十年以上有期徒刑，并处罚金或者没收财产。

第十六章　垂钓和捕捞

第一节　垂钓

1. 什么是休闲垂钓?

答: 休闲垂钓包含三个方面：一是指垂钓以不破坏渔业资源为原则；二是指垂钓行为以休闲娱乐为目的，钓具钓法和钓获物符合规定；三是指垂钓的钓获物不用于交易获利。

2. 新疆国家重点保护野生鱼类有哪些?

答: 西伯利亚鲟、裸腹鲟、小体鲟、细鳞鲑、哲罗鲑、北鲑、北极茴鱼、塔里木裂腹鱼、扁吻鱼、斑重唇鱼。

3. 什么水域可以随便钓鱼?

答: ① 小溪、小河；② 人工水渠；③ 非稀有物种保护水库；④ 收费型人工水库；⑤ 无禁钓标示的湖泊；⑥ 非长江或其主要支流的江河。

4. 新疆禁渔期是什么时间?

答: 不同水域的禁渔期是不同的。根据《新疆维吾尔自治区实施〈中华人民共和国渔业法〉办法》第十五条规定，下列水域实行常年禁渔和季节性禁渔，但必须在禁渔区、禁渔期内捕捞特殊品种鱼类的除外。法律法规对禁止捕捞的水域另有规定的，从其规定。

常年禁渔区为：开都河及伸入博斯腾湖半径2公里范围内的水域；博斯腾湖泵站引水渠口伸入湖区半径1公里范围内的水域；乌伦古河福海水文站以下河段及伸入吉力湖半径2公里范围内的水域；引额济海渠道；乌伦古湖73公里原小海子水域、中海子水域、骆驼脖子水域、莫合台后泡子水域。

季节性禁渔期：博斯腾湖每年3月1日至6月20日；乌伦古湖每年4月1日至7月31日；伊犁河干支流河道每年2月15日至5月31日；额尔齐斯河干支流河道每年4月1日至6月30日。

《2019年阿勒泰地区天然水域禁渔的公告》，宣布2019年在阿勒泰地区所有天然河流实施全年禁渔。禁渔期内，流域全面禁止捕捞作业，任何单位和个人不得进行捕捞、钓鱼或销售渔获物。

▶5. 禁渔期间可以捕捞水生植物吗？

答：禁止捕捞水生植物。禁渔期间，捕捞采集水生动植物等生产活动一律禁止。同时，禁止在禁渔区、禁渔期收购、销售野生鱼类。

▶6. 列入《中国外来入侵物种名单》的种类有哪些？

答：主要包括克氏原螯虾（小龙虾）、巴西龟、尼罗罗非鱼（罗非鱼）、食蚊鱼、豹纹脂身鲇（清道夫）等。

7. 未经许可，擅自向天然水域投放水生动植物新物种的，应承担什么法律责任?

答：《新疆维吾尔自治区实施〈中华人民共和国渔业法〉办法》第二十四条明确规定，由县级以上人民政府渔业行政主管部门或者渔政监督管理机构责令改正，并处以1万元以上5万元以下罚款；造成渔业资源严重破坏构成犯罪的，依法追究刑事责任。

8. 为什么泥鳅、虾类不能作为窝料?

答：泥鳅钓是近年来新出现的一种捕捞方法，一些垂钓人员使用泥鳅、虾类做窝料，引诱水体中的翘嘴鲌等凶猛鱼类聚集后垂钓，可以在短时间内钓获大量鱼类，有些垂钓人员甚至在一天内钓取数百千克钓获物，一方面破坏水体正常的生态平衡，另一方面也成为潜在的生产性捕捞手段。

9. 钓获重点保护水生野生动物怎么处理?

答：钓获重点保护水生野生动物请立即放回原水体。

第二节　捕捞

1. 我国法律对捕捞范围和捕捞时间是怎样规定的?

答：我国《渔业法》第三十条明确规定，禁止在禁渔区、禁渔期进行捕捞。

2. 我国法律禁止的捕捞方法有哪些?

答：我国《渔业法》第三十条明确规定，禁止使用炸鱼、毒鱼、电鱼等破坏渔业资源的方法进行捕捞。

3. 在禁渔区和季节性禁渔期内销售、收购非法捕捞的水产品的，应承担什么法律责任?

答：《新疆维吾尔自治区实施〈中华人民共和国渔业法〉办法》第二十三条明确规定，违反本办法第十五条规定，在禁渔区和季节性禁渔期内销售、收购非法捕捞的水产品的，由县级以上人民政府渔业行政主管部门或者渔政监督管理机构进行调查，对于在禁渔区、禁渔期内捕捞水产品的，没收渔获物和违法所得，并处以5万元以下罚款。

4. 违反关于禁渔区、禁渔期的规定进行捕捞的，应受到怎样处罚?

答：《渔业行政处罚规定》第六条明确规定，违反关于禁渔区、禁渔期的规定进行捕捞的，在内陆水域，处以三万元以下罚款；在海洋水域，处以五万元以下罚款。

5. 使用禁用的渔具、捕捞方法和小于最小网目尺寸的网具进行捕捞或者渔获物中幼鱼超过规定比例的，应承担什么法律责任?

答：《渔业行政处罚规定》第六条明确规定，使用禁用的渔具、捕捞方法和小于最小网目尺寸的网具进行捕捞或者渔获物中幼鱼超过规定比例的，在内陆水域，处以三万元以下罚款；在海洋水域，处以五万元以下罚款。

6. 使用炸鱼、毒鱼、电鱼等破坏渔业资源方法进行捕捞的，应承担什么法律责任?

答：《渔业行政处罚规定》第六条明确规定，在内陆水域，处以三万元以下罚款；在海洋水域，处以五万元以下罚款。

7. 未经批准使用鱼鹰捕鱼的，应承担什么法律责任?

答：《渔业行政处罚规定》第六条明确规定，未经批准使用鱼鹰捕鱼的，处以五十元至二百元罚款。

8. 对偷捕、抢夺他人养殖的水产品的，应承担什么法律责任?

答：《渔业法》第三十九条规定，责令改正，可以处二万元以下的罚款；造成他人损失的，依法承担赔偿责任；构成犯罪的，依法追究刑事责任。

9. 破坏他人养殖水体、养殖设施的，应承担什么法律责任?

答：《渔业法》第三十九条规定，责令改正，可以处二万元以下的罚款；造成他人损失的，依法承担赔偿责任；构成犯罪的，依法追究刑事责任。

10. 对未取得捕捞许可证擅自进行捕捞的，应承担什么法律责任?

答：按照《渔业法》第四十一条规定，没收渔获物和违法所得，并处十万元以下的罚款；情节严重的，并可以没收渔具和渔船。

《渔业行政处罚规定》（1998年1月5日农业部令第36号公布，2022年1月7日农业农村部令2022年第1号修订）第九条规定，按照《渔业法》第四十二条规定，对有捕捞许可证的渔船违反许可证关于作业类型、场所、时限和渔具数量的规定进行捕捞的，没收渔获物和违法所得，可以并处罚款；情节严重的，并可以没收渔具，吊销捕捞许可证。罚款按以下标准执行：

（一）在内陆水域，处以二万元以下罚款。

（二）在海洋水域，处以五万元以下罚款。

11. 未经许可，擅自捕捞有重要经济价值的水生动物苗种和怀卵亲体的，应承担什么法律责任？

答：《新疆维吾尔自治区实施〈中华人民共和国渔业法〉办法》第二十四条明确规定，违反本办法规定，擅自捕捞有重要经济价值的水生动物苗种和怀卵亲体，造成渔业资源破坏的，由县级以上人民政府渔业行政主管部门或者渔政监督管理机构责令改正，并处以1万元以上5万元以下罚款；造成渔业资源严重破坏构成犯罪的，依法追究刑事责任。

12. 擅自捕捞国家规定禁止捕捞的珍贵、濒危水生动物的，应承担什么法律责任？

答：按照《野生动物保护法》和《中华人民共和国水生野生动物保护实施条例》相关规定执行。

▶ 13. 我国法律对禁用的渔具是怎样规定的?

答:《渔业法》第二十条明确规定，禁止制造、销售、使用禁用的渔具。

▶ 14. 制造、销售禁用的渔具的，应承担什么法律责任?

答:《渔业法》第三十八条第三款规定，制造、销售禁用的渔具的，没收非法制造、销售的渔具和违法所得，并处一万元以下的罚款。

▶ 15. 涂改、买卖、出租或者以其他形式转让捕捞许可证的，应承担什么法律责任?

答:《渔业法》第四十三条规定，涂改、买卖、出租或者以其他形式转让捕捞许可证的，没收违法所得，吊销捕捞许可证，可以并处一万元以下的罚款；伪造、变造、买卖捕捞许可证，构成犯罪的，依法追究刑事责任。

▶ 16. 哪些行为将从重处罚?

答:《渔业行政处罚规定》第四条规定，有下列行为之一的，从重处罚：

（一）一年内渔业违法三次以上的；

（二）对渔业资源破坏程度较重的；

（三）渔业违法影响较大的；

（四）同一个违法行为违反两项以上规定的；

（五）逃避、抗拒检查的。